大住 誠
Osumi Makoto
朝倉 新
Asakura Arata

積極的に治さない瞑想箱庭療法

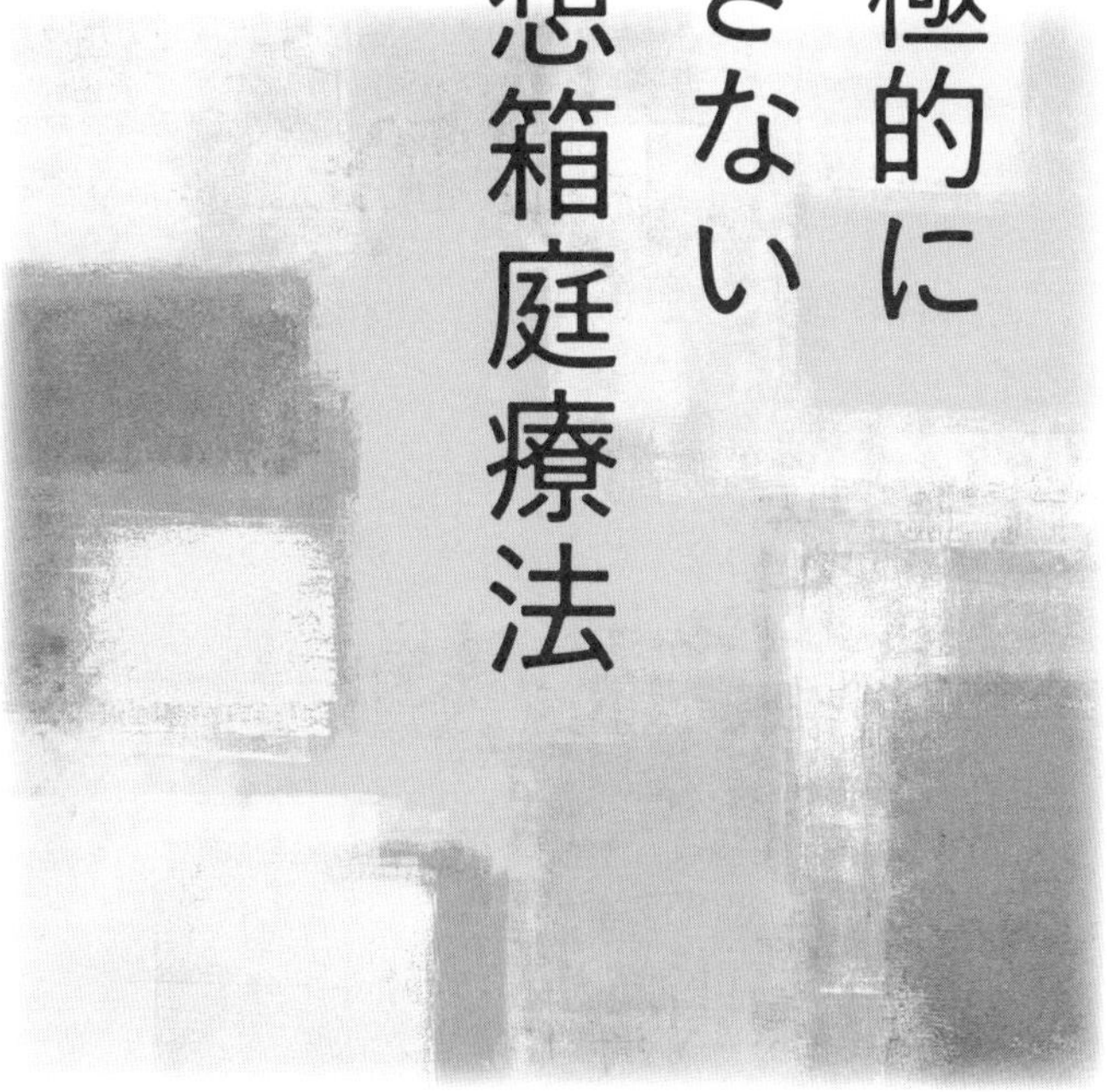

春秋社

はじめに

心理療法とは、「特定の訓練を積んだ専門家によって心理的問題を抱える患者やクライエントと呼ばれる人の感情、認知、行動、身体感覚に変化を起こさせ症状や問題行動を消去もしくは軽減することを目指す社会的相互作用である」とされます。心理療法の理論と体系を研究する学問は主に臨床心理学と総称されております。現在世界で行われている心理療法の理論と技法は三〇〇種類以上あるといわれます。心理療法も臨床心理学も欧米で誕生、発展したものですが、欧米ばかりではなく、それぞれの地域での文化に立脚した独自の心理療法の理論体系も存在しています（たとえば我が国における森田療法等）。心理療法を実施する心理療法家は我が国では臨床心理士とよばれています（現在では新たな資格として公認心理師が存在します）。

以上のように心理療法の理論、技法は多岐にわたっています。現在の世界の潮流としては認知行動療法、精神分析療法、来談者中心療法、分析心理学的心理療法（ユング派）などが主流です。他はこれらの理論、技法に何らかの影響を受けた流れです。しかし、それを実施する心理士の経験等にも関連がありますが、どの理論、どの技法を用いても心理的障害（特に神経症圏）や不適応で悩んでいる人々に対して一定の効果があることも事実のようです。このような事実は心理療法に対するエビデンスへの研究が盛んになるにしたがい明らかになった事です。さらに、こうした事実から、そもそも心理療法の効果いかんは心理士の拠り所とする理論や技法とは異なる位相に存在するのではないかという研究すら行われています。そうした研究の動きはどうであれ、クライエントが元気になっていくことの根本はクライエントの自然治癒力（自己治癒力）の賦活《ふかつ》化に外ならず、それに至るための方法は多種多様であるというところに決着しそうです。

ところが、以上のような心理療法に対する肯定的な論説ではなく、否定的な言説——たとえば心理療法の副作用に対して正面切って取り上げた論説、研究は案外少ないように思われます。まれに小沢牧子氏等の論考があるのみです。そこで本書では心理療法の副作用についても取り上げるとともに、副作用を低減する新たな心理療法の理論と技法としての「瞑想箱庭療法」について紹介します。「瞑想箱庭療法」は筆者の三〇年近くにわたる開業臨床心理士としての臨床実践の中から自然に育まれてきた療法です。その臨床経験の中で、筆者自らの反省をふまえて心理療法の持つ副作用の問題にも気づいてきた次第です。

本書で紹介する「瞑想箱庭療法」は「治療者がクライエントを積極的に治そうとしない」療法です。この方法の原理は故河合隼雄氏によって提唱された「自然《じねん》モデル」ですが、残念なことに河合氏は「自然《じねん》モデル」の心理療法の理論と具体的な技法等について言及されることはありませんでした（おそらく河合氏自身もこのモデルの方法を実施されなかったのかもしれません）。

筆者は河合氏の意志を引き継ぎ「自然《じねん》モデルの心理療法」としての「瞑想箱庭療法」の理論、方法、事例研究、応用などを説明します。さらに瞑想箱庭療法の理論を説明するにあたり「自然《じねん》モデル」をより臨床的、実践的にした方法、理論としての「他力《たりき》モデル」について言及します。

（大住誠）

積極的に治さない瞑想箱庭療法　目次

はじめに　i

理論編

第一章　心理療法の副作用について……5
（1）心理療法の副作用とは何か？　5
心理療法にともなう治療者のクライエントに対する操作性と侵襲性　5
背後に存在する面接構造の問題　7
技法としての「共感」がはらむ問題　8
（2）「因果的思考」を超える瞑想箱庭療法　14
（3）心理療法の成立しないポストモダン的自我　16
ポストモダンの状況と心の病　16
ポストモダンの状況における心の回復　18

第二章　新しい試みとしての「積極的に治そうとしない方法」を求めて……21
（1）自然モデルの心理療法とは　21

（2）自然モデルの臨床場面での実践――「対自的関係性」の重視　25
（3）「他力」と中動態　29

第三章　瞑想箱庭療法の理論と実際について……33

（1）従来の箱庭療法と瞑想箱庭療法　33
（2）瞑想箱庭療法の理論的考察　38
瞑想について　38
瞑想における環融体験・環融空間の深層心理学的意味　42
（3）日記面接について――森田療法と瞑想箱庭療法　51
（4）瞑想箱庭療法と森田療法との相違　54
（5）瞑想箱庭療法の実践方法――面接の流れの掴み方　56

第四章　瞑想箱庭療法の思想的源泉を東洋思想に尋ねる……93

（1）「道家」の自然論について　94
（2）万物斉同について　98
（3）忘我の瞑想としての坐忘について　100
（4）「照明」と「自覚」について　103

（5）親鸞の他力　107

実践編

第五章　事例研究……113

（1）事例一——解離性障害、起立性障害と診断された思春期女子の事例　113
解離性障害、起立性障害とは　113
事例の概要　114
第一期　環融体験・環融空間の成立の時期　115
第二期　心的外傷体験の想記が可能となる時期　119
第三期　症状が寛解する時期　127
考察　133
（2）事例二——不安性障害、うつ病性障害と診断された成人男子の事例　137
事例の概要　137
第一期　環融体験・環融空間の成立期　139
第二期　外界に身体感覚が開かれていく時期　145

第三期　症状の寛解とともに「生の欲望」が高まる時期　149
考察　154
（3）事例三――境界性パーソナリティ障害と診断された成人女子の事例　160
事例の概要　160
第一期　環融体験・環融空間の成立期　162
第二期　症状の寛解と、怒り、寂しさや空虚感を受容できるようになる時期　170
考察　181
（4）事例四――発達障害（ＡＳＤを併存させている重度のＡＤＨＤ）で「うつ病性障害」の成人女子の事例　186
事例の概要　186
第一期　「環融体験」が成立する時期　188
第二期　抑うつ、希死念慮、フラッシュバックから回復する時期　199
第三期　自身の「特性」への受容に向かう時期　202
考察　208
第六章　医療機関で医師が実施する場合について……　211
（1）はじめに　211

（2）当クリニックでの瞑想箱庭療法の治療構造 213
（3）医療機関で実践する利点 218
（4）医療機関で実践にあたっての課題 221
（5）瞑想箱庭療法と中医学（漢方）治療 223
（6）AI時代における瞑想箱庭療法の展望 230
（7）治療者自身の変化 235
（8）精神科クリニックの事例――家族の対応に奔走して心身の疲労感が高まった発達特性のある成人女性の事例 238
（9）おわりに 250
第七章　瞑想箱庭療法の応用の三人療法――含母子同服療法……253
（1）三人療法の概念と確立の経緯 253
（2）三人療法の理論的背景 254
（3）三人療法の実際 258
事例の概要 259
瞑想箱庭療法一回目 261
瞑想箱庭療法五回目 263

瞑想箱庭療法一一回目 264
瞑想箱庭療法一八回目 266
瞑想箱庭療法二二回目 267
瞑想箱庭療法二四回目 268
（4）三人療法の今後の展望 271
第八章　瞑想箱庭療法の訓練方法……273
（1）瞑想のトレーニング 273
（一）一人で行う際のトレーニング方法 274
（二）二人で行う際のトレーニング方法 277
（三）グループで行う際のトレーニング方法 281
（2）おわりに 282
あとがき 285
文献等 287

積極的に治さない瞑想箱庭療法

理論編

第一章　心理療法の副作用について

（1）心理療法の副作用とは何か？

心理療法にともなう治療者のクライエントに対する操作性と侵襲性

　最初に心理療法の副作用について説明します。

　筆者は心理療法の最も大きな副作用はクライエントの心がセラピストによって一方的に支配されてしまうことだと考えます。筆者はこれを、セラピストの操作性、侵襲性と名づけます。これは心理療法でクライエントがセラピストが自らのよりどころとする理論と技法を用いて、過去の対人関係を分析解釈なされたり、クライエントの感情に意図的に共感されたり、クライエントの認知の偏りを矯正されたりすることにより、クライエントの自発的なこころの自由を奪われてしまう事です。そのことはまたクライエントのこころを無理に開かされ、暴き出されるという侵襲性の問題につながります。結果としてクライエントの症状は寛解しても、クライエントは「特定の臨床心理学理論」の枠で人生を理解するという不自由さからは解放されません。そして、クライエントに自発的に自然治癒力が賦活して成立した治癒とも言えません。また、クライエントにはプライベートな心の内面を覗かれ暴き出されたという傷つきが残る場合も多々あります。こうしたことへの反作用としてセラピストへの依存性を必要以上に強化してしまう場合もあります。ただし、ここで述べたような副作用は臨床に携わる者にとっては「あたり前」であり、これまで取り立てて問題にされてきませんでした。そうした中、精神科医でユング派の分析心理学者でもあった織田尚生氏（一九三九～二〇〇七）は侵襲性の問題について以下のように述べています。

「箱庭療法という心理療法は、その表現を行うものに対して、知らず知らずのうちにこころを開かせるという側面がある。このような理由で、臨床心理学を学ぶ大学院生たちに対して、こころを開くトレーニングとして、箱庭表現の体験学習を行わせることがある。箱庭表現を行う人たちがクライエントであっても、研修のために行われる場合でも、箱庭表現がこころを開くことを促進すると言えるであろう。癒やされるためには、こころが開かなければならない。つまり箱庭療法において、クライエントの傷つきが癒やされるためには、守られた場で彼らの傷つきを心理的に体験してもらう必要がある。しかしそのことと同時に、クライエントに対して侵害的な影響を与えているということを知る必要がある。クライエントが傷つきやすい人であればあるほど、箱庭を作ることに伴う侵害的な影響は大きくなる。しかしどのようなクライエントに対しても、治療者は箱庭の持つ侵害的な影響を考慮しなければならない。」

ここで織田氏は心理療法一般にも通じる侵襲性の問題について箱庭療法を例にして説明を加えております。

背後に存在する面接構造の問題

それでは、これまで述べたような副作用はどうして生じてくるのでしょうか。筆者はその原因を、心理療法の面接の形態がセラピストとクライエントとの二者関係（筆者はこの関係性を『対他的関係性』と呼んでいます。ただしここでは、集団精神療法の場合については、取り上げません）を際だたせてしまうところに存在するものであると考えます。そもそも、心理療法は近代社会（正式には一九世紀の欧米）において創始されたものです。近代社会では「個人」の内面性が重んじられます。内面性とは主体性という意味とほぼ同じです。これが一般的に言われている「近代的自我」の内容であり、近代的自我への目覚めによって主観と客観は明確に区別されるようになったと言われます。このような認識の在り方は心理療法に応用され、心理療法では主体性を持った悩める個人と、その悩みを聞き解決の糸口へと導入する専門家である治療者とが対等に症状に向き合うところにおいて成立するものであると考えられてきました。このような視点はフロイトの治療同盟や治療契約の考え方に色濃く反映されています。

そこから契約に基づいた上でのセラピストの学派、理論に基づくクライエントの内面への働きかけ、侵入、操作による治療が行われていきます。こうした行為は、クライエントには承知の契約関係でなされるので「あたり前」のように見えますが、他人から心を侵入され、支配されることには変わりはありません。そこには対等な人間関係は存在しません。どこまでいっても「私治す人」「あなた治される人」の上下の関係性しか存在しません。こうしたことを論じる以前にそもそも、明確な主体性を持った個人なるものは存在するのでしょうか？　治療場面に存在するのは症状に悩み、苦しみ、もがく生身のクライエントの実存のみです。そういうクライエントであるからこそ、藁をもすがる思いで治療者や治療理論、方法と関わらざるをえないのです。ある意味では最初から依存的であり、セラピストから操作、侵入されざるをえない状況下にいるのです。多くのクライエントにとっての治療契約もそうした状況下において取り結ばれるのです。そのような状況下においてクライエントは必然的に治療者を人格者あるいは善意の人と信じ込み、専門家の技法がそう見せているに過ぎないことに気づくことは少ないのです。当然の事ですが、たとえ症状が落ち着いてもクライエントはセラピストから離れづらくなります。もちろん、ほとんどの心理療法では「対他的関係性」を通してクライエントが「対自的」になり、自分自身に向き合い、自分自身を洞察することで治癒が成立することを教えております。ただしそのような「対自」は「対他的」形態のもとで人為的に作られることも多々あるのではないでしょうか？

技法としての「共感」がはらむ問題

これまで述べたような面接構造のもと、副作用を強化してしまう治療者の技法のひとつに、クライエントの感情に対する「共感」技法が存在します。

心理療法では学派を問わず、セラピストがクライエントの感情に働きかけ、感情に焦点を当てる方法が採用されております。これは、「共感」と呼ばれておりますが、日常生活での人間関係の場合は異なる「あくまでも人為的な技法」のひとつです。それは心理療法の場面である特定の面接空間のなかで、二者関係を通してセラピストから積極的に行われていきます。それゆえにあえてここでは「共感」としました。何ゆえに「共感」が積極的に行われるのか？　それは心理療法では一般的にクライエントの感情が対象とされるためです。たとえば大部分のクライエントは感情的な訴えをもって面接場面に訪れます。「職場での人間関係がつらい」「幼少時代の性的虐待が原因のトラウマで現在も激しい恐怖感、怒り、人間不信に執われているようです。死んでしまいたいです」等です。こうした感情（情動）的訴えに対して焦点をあてていくところから心理療法は始まるからです。

それでは「共感」とはいかなる行為、態度でしょうか？　たとえば私たちはごく親しい近親者が亡くなったことで、悲しんでいる友人に対して、相手に「辛いことだね」と声をかけ友人を励まします。この時には自分自身のことよりも他人の置かれた状況に適した感情的反応を行います。共感とはこの「他人の状況に適した感情的反応」を意味します。ただし、この反応は恣意的ではなく極めて自然発生的なものです。そしてこのような共感を通して日常生活での他者への理解、信頼感は深まっていきます。当然のこと、他者との交流は共感という感情的な側面だけで深まるものではありません。他者との交流は言葉にならない「雰囲気的」・「感覚的」なものや、出会いの偶然性への驚きを伴う「直感的」なもの、あるいは他者の意見に対する理論的な了解等で深まるものでありま す。これらはどれかひとつだけを取り出せば良いものでなく全体的なものです。

ところが心理療法においては、「共感」に重きが置かれた技法によって「共感のみ」に焦点づけられるところから始まり結果としてクライエントの内面に意図的に侵入せざるをえなくなることも多々起こりえます。

ここで、カール・ロジャーズ（一九〇二～一九八七）の「来談者中心療法」において「共感」という技法がいかにクライエントに侵入的に行われていくか検討してみたいと思います。何ゆえに「来談者中心療法」をこの場で取り上げるのかは、「共感」はほとんどの「対他的関係性」の心理療法で用いられますが、「来談者中心療法」の場合には、技法としての「共感」が際立った治療機序になっている特色があるからです。

ロジャーズは「来談者中心療法」において、クライエントに建設的なパーソナリティー変化が起こるための必要かつ十分な六つの条件について述べ、以下のように「共感」の重要性について五番目、六番目の条件において強調しています。

特に五番目においてカール・ロジャーズは、

「セラピストは、クライエントの内的照合枠を共感的に理解しており、この経験をクライエントに伝えようと努力していること。

この条件は、クライエントの怒り、恐れ、あるいは混乱をあたかも自分自身のものであるかのように感じその中に自分自身の怒り、恐れ、混乱を巻きこませないことを意味している」と述べています。さらにクライエントの話の内容にぴったりと迎合する言葉を見つけ、クライエントにそれを投げかけ理解されれば、その条件を満たしていると言われます。さらにセラピストはクライエントの内的な世界に入りこんでいるために、クライエントの体験している感情とそれに対する（クライエントにとっての明確な）個人的な意味づけだけでなく、クライエントの気づいていない部分も明確にできるとされます。そしてこの能動的な傾聴によりクライエントの自己理解を促進する大きな力となるとされます。

筆者にはこのロジャーズの、クライエントの感情に焦点を当てたこの方法が、クライエント自身が気がついていない部分を明確にしようとする感情操作であり、極めて侵入的で操作的な方法であるように思われます。理由は、セラピストのクライエントの感情に対する投げかけによって、クライエントは「自分の気持ちを理解してもらっている」さらにはそこから「自分という存在について全面的に信頼されていると思い込む」ことになるからです。これは、クライエントが自身の感情の体験のみに焦点をあてるように操作されている結果に他なりません。そしてクライエントの治療者に対する過剰な依存心もこうしたことから起こってきます。またロジャーズ自身はカウンセリングの条件として、肯定的配慮を経験していることを四番目に取り上げ、肯定的配慮の内容として、

・「クライエントがどんなことを言ってもいやな気持になりません」
・「私はクライエントに対して温い気持ちを持っています」

・「私はクライエントのことが好きです」

などを挙げております。以上のようなセラピストのクライエントへの配慮と態度は実に見事な人間愛の発露のように思われますが、実はこれは、あくまでも心理療法の場面におけるセラピストの特殊な感情の状態であり、訓練によって形成される人為的な技術にすぎません。大切なことは先も述べたとおり、我々の人格（精神内容）は感情のみをベースにしては成立していないということです。もちろん当然の事でありますが、このような方法を採用しつつも、クライエントへの操作性や侵入性の問題について充分に配慮しつつ心理療法を実践されている誠実なセラピストは多くおられますし、実際このような方法でないと「対人関係から生じる心の傷」は癒やされないと考えておられるクライエントもおられることも事実です。また、クライエントに対する操作性やクライエントのセラピストに対する依存性の問題等は二者関係の区別すらあいまいな日本人の「対人関係」と文化の所産で、本来の来談者中心療法とは異なると言われるかもしれません。しかし以上の立場からの批判を覚悟しつつもあえてその問題点を指摘させていただきました。

以上の述べてきたクライエントの感情に焦点をあててクライエントの心に侵入して操作する方法は来談者中心療法だけにとどまりません。精神分析の方法においても「関与しながらの観察」という方法がH・S・サリバン（一八九二〜一九四九、アメリカの精神科医、社会心理学者）によってとなえられています。これは、セラピストはクライエントの感情に充分焦点をあてクライエントを共感することを重要視しつつも、一方ではクライエントの心を対象化（冷静に観察して）精神分析の理論によって解釈、介入を行う極めて操作的な方法です。さらに、一見すると、これまでの心理療法と異なりクライエントの情動よりも「認知」にのみ焦点を当てているように思われる認知行動療法においても似たようなことが行われていると思われます。たとえば、クライエントに対して学習＝条件づけを行う際にワークシートに代表される様々なツールを用いてセラピストはクライエントの感情によりそいつつ、セラピストが信じている「正しく、客観的な認知」の基準にクライエントの認知を誘導するためのプログラミングを含めた認知的側面への徹底的な介入が行われていきます。そこでは人間の精神活動を外界からの刺激による反応としての認知機能に限定する極端な思想が見られ、心理療法における操作主義は認知行動療法において極限に達したと考えられます。こうした療法が普及している背後にはエビデンスが明確になりやすいことが背景にあります。

なお、サリバンの「関与しながらの観察」は現在では学派の違いを通して広く実践されております。大学院等のカウンセリングの基礎訓練においても広く行われております。理由はどの心理療法の理論にもセラピストがクライエントの心に働きかけ、クライエントの心を変容させ、病んだ心を治すためにはクライエントの心理内容を対象的、客観的に理解しなければならないという考え方に基づいているためです。これは、人間の心を対象とした「科学的方法論」であり、来談者中心療法をはじめどの心理療法においても常識として採用されています。河合隼雄氏はこのような科学的な方法論を「因果的思考」と名付けています。そして因果的思考とは「〜すれば〜になる」という思考法であると簡明に述べております。心理療法に関して言えば、クライエントの心の病理の原因を明確にして、その原因除去のために操作的介入を行うことに他なりません。これはまたは還元主義的思考でもあります。たとえば精神分析療法ではクライエントの症状を過去の親子関係等で形成されたエディプスコンプレックスが整理されていない事や、その他の幼少期の体験（特に心的外傷体験）などに原因を求め、そうした体験をクライエントに洞察させるために様々な操作、介入（分析）を行います。先の認知行動療法における様々なプログラミングも症状の原因である認知の偏りを取り除くための介入にほかなりません。

（2）「因果的思考」を超える瞑想箱庭療法

先に述べたとおり、心理療法は近代ヨーロッパにおいて創始されたものです（ここでは特に精神分析学を特定します）。心理療法の背景にある近代の人間観、世界観は、ひとり、ひとりの精神の固有性と「自己実現」を不動の原理とするものです。ここでの精神とは自我（デカルトやフロイト等が取り上げている近代的自我）に他なりません。その自我は主体性と統合性と連続性を持つと言われています。そしてその自我の中核となるものが合理的で客観的で普遍的な知性であります。ただし、そのような知性は自然界を対象とすることのみに限定されておれば良いのですが（もちろんそのような「科学の知」による科学技術が資本と結びついて今日の地球環境壊滅の危機の原因を作り出しているという大問題を持っております）、人間の精神の領域までを客体化し、分析、解釈することを可能とするような万能的な思考でもあります。また、この思考の特徴は極めて抽象的であり、また過度に内省的、反省的であるところです。内省的であるが故にセラピスト自身も自らの精神を常に分析解釈しています。そのようにセラピスト自身の自己分析が可能であるが故にクライエントが内面に抱える固有の秘密の領域すべてを暴き出すことすら可能と考えるのです。この思考はまた、疑似自然科学的な装いをこらすことがあります。その点が哲学的な思考と異なるところです。古くはフロイトの経済論、心的エネルギー、心的装置などの概念や最近ではラカン（一九〇一〜一九八一）による言語学や数学を用いた無意識世界の抽象的な説明などにうかがうことができます。

筆者はこのような近代が発見した自我や理性を絶対化することから生じる万能感的な思考を仮に「自己愛的知性」（我執的知性）と名付けています。理由は人間の精神という常に流動的な存在を、内省することであたかも客体として対象化できるものとして、さらにそれらを人格化すらしてしまうからです。人格化とは無意識世界の内容を実体化する事です。

このような自我への極端な信頼と自己愛的な知性のあり方を東洋思想、道家や大乗仏教では人間の迷いの本質として（紀元前に）「小知」「邪見」「分別知」などの用語で教えています。「邪見」「分別知」によって「我執」が生じます。この「我執」の病理こそが近代以降の神経症等のこころに関する病いの最大の原因のひとつとして考えることもできるのです。そしてクライエントを積極的に治そうとすること自体が「因果的な思考」による我執に他ならないのです。

筆者の瞑想箱庭療法もこの治療者、クライエントの我執を離れるための方法のひとつと言えます。

（3）心理療法の成立しないポストモダン的自我

ポストモダンの状況と心の病

最近（二〇〇〇年以降）では、これまで述べてきたような、近代的自我問題から生じる神経症等の精神症状に至らない事例が増えています。それは「社会的引きこもり」や「発達障害」と診断されることが多くあります。また、これらの人々が時には軽い妄想を呈したりして、統合失調症などを疑われることが多くあります。実際に私の相談室の事例も多くが医師から「発達障害」の診断を受けておりますが、「関係念慮」等の被害妄想に苦しめられ「引きこもり」を続ける場合もあります。また明らかに「自閉症スペクトラム」と診断されても長期にわたる「うつ状態」と短期間の「妄想状態」が継続して、やはり「引きこもり」を何年も続けているクライエントもいます。そして、これらのクライエントさんの多くには「治りたい」「早く就労したい」という動機がほとんどみられません。さらにクライエントさんの多くが驚くべき事には何らかの症状を訴えて来所されても「さほどの危機感も苦悩もなく」ただひたすら不定愁訴を訴えられたり、毎回来られても、常に前回とは異なる主訴を訴えられたり、前回のエピソードとは年齢や職域が異なっていたり既婚が未婚になったりして、全くの別人のように振る舞われ、人格のまとまりが感じられないということです。

以上のような症状の曖昧化について河合俊雄氏は以下のように述べています。

「近年における社会やこころの変化と無関係ではないであろう。それはもちろん自己の中心性と一貫性を持つ近代意識の終焉によってもたらされたものなのである。またさらに社会的にみると、ネット上では、フェイクニュースがあふれていることからしても、真実と嘘との区別も曖昧になってきており、現実と妄想の区別も原理的にはなくなってきている。妄想や真実だけが認められているのではなくて、様々な現実があり、時には虚構も嘘も平気で存在していることも関係しているのかもしれない。」

ここで言われるような自己の中心性―一貫性を持つ近代意識とは、先に述べた近代的自我にほかなりません。これまで我々が信じ、目指してきた自我の主体性が崩壊し、拡散し、そのように崩壊、拡散した実体が定かでない「新しい心」なるものはポストモダン的自我でしょう。こうした新しい自我に対して従来のようなクライエントの葛藤に焦点をあて、洞察を促す方法では治療が困難であるように思われます。また、クライエントの感情に焦点をあてる従来の方法もクライエント自身の感情が乖離している状態なので困難を極めます。ただし、筆者はこのような主体がネット社会や価値観の多様性のみによって生み出されたものとは考えません。人々が近代的自我の問題性たとえば自我の成長神話とそれに基づく競争、他者との比較等から生じる苦悩等は、実は一部の勝者のためにあるグローバル経済社会（新自由主義経済社会）から生み出されるものであり、かつそういう社会を生みだすものであることに気づいてきたからとも考えられます。そしてこのような無意味で絶望的な社会を生きるための処世術を無意識的に身につけた心こそが一部にはポストモダン的な自我の大方の実体なのかもしれません。それは一見「無為《むい》」であるかのような柔軟な主体に見えますが、「無為」における自発的な自由さもなく、不安感と不信感を中核とした新しい自己愛的なこころといえます。また、そのような心は、生きていることのリアリティ・生命感覚の喪失と、他者との間の不信感、共感性の希薄さを特徴とします。

ポストモダンの状況における心の回復

ポストモダン状況においては心が病むというよりもむしろ病む心そのものが忘れられているような病み方のように思われます。ここで大切なことは「忘れ去られた心」を蘇らせることであります。そのためには、自分自身の本来の心に出会っていけるような「場」が必要になります。そのような「場」は「治す」「治される」という権力関係が消滅する「場」であることが大切です。それはセラピスト、クライエントも我執に縛られた自らの存在を忘却でき、そこに溶け込ことが可能であるような「場」でもあります。ただし、そこで新たに発見される「心」とは、これまでの近代的な自我としての「心」ではないでしょう。それこそが真の意味での「無為なる心」であり、正しい意味でのポストモダン的自我とよんで良いものだと思います。筆者はこれを「他力として賜る心」と、いくぶん時代錯誤的な名称でよんでおります。

筆者は瞑想箱庭療法ではセラピストとクライエントが瞑想し「自我意識」を離れ、「場」に溶け込む体験を「環融《かんゆう》体験」と名付け、「環融体験」によって成立するような「場」を「環融空間」と名付けております。「環融体験」とは「瞑想体験」の事です。この「環融体験」によって、我々の日常生活で忘れられている「感覚機能」や「直観機能」が賦活してきます。なぜならこれらの価値観を伴わない心理機能は、普段は、価値観を伴う「思考」や「感情」機能が主に用いられることで看過されているからです。

そしてこの「環融体験」によって成立する「環融空間」においてこそ、クライエント（もちろんセラピストも含めて）の自我意識とは異なる本来の心が立ち上がってくる「場」そのものでもあります。そういう意味で瞑想箱庭療法は「場」の療法であると言えます。「環融体験」「環融空間」がこの療法のキイワードです。

（大住誠）

第二章　新しい試みとしての「積極的に治そうとしない方法」を求めて

（1）自然モデルの心理療法とは

第一章で取り上げたような従来の心理療法が持っている「副作用」を低減するための方法が「セラピストが積極的に治療しない」方法＝瞑想箱庭療法です。この方法の原理は故河合隼雄氏の「心理療法のモデル」論に端的に説明されております。

河合氏は心理療法には四つのモデルが存在すると述べ、自然モデルにおいてはセラピストは治すのではなく、クライエントが「治る」事に最も近いと説明されております。

ちなみに他の三つのモデルとはいかなる内容でしょうか？

まず医学モデルでは症状→検査・問診→病因の発見（診断）→病因の除去・弱体化→→治癒の過程で治療が行われていきますが、これは病気の原因と結果を明確にして症状を除去するという極めて分かりやすい因果的思考に基づいた自然科学的なモデルです。河合はこのモデルは心理療法では症状→面接・自由連想→病因の発見→情動を伴う病因の意識化→治癒に到るという精神分析の方法に窺えると説明しております。

続いて、河合は「教育モデル」を説明します。教育モデルとは問題→調査・面接→病因の発見→助言・指導による原因の除去→解決という流れの中で行われるモデルであると述べております。現代の心理療法では認知行動療法に代表されるもののように考えられます。ここでも因果的、自然科学的思考が濃厚であります。三番目のモデルが「成熟モデル」と呼ばれるもので、問題・悩み→治療者の態度により→クライエントの自己成熟過程が促進→解決が期待されるというものです。河合はこのモデルを「これは治療者がクライエントに対して積極的に働きかけるのと異なり、治療者の態度によって、クライエントの自己成熟過程が促進され、それによって問題解決が期待されるのだから、主体をクライエントにするという、という点で画期的な考えである」と述べております。また、ここでは「直接的には『問題や悩み』の解決を目指していないので、『解決が期待される』と書いた」としています。そしてこのモデルにおいても「治療者がオープンな態度をとるならば、クライエントの自己成熟の傾向が強められる」と「〜なら〜となる」という表現形態をとり因果的思考が認められると指摘しております。さらに河合は「クライエントの自己成熟の傾向などと言っている、こころが自律的に動くとき、それは極めて破壊的な傾向をもっている。治療が成功したときは、それを成熟力とか治癒力とか呼べるであろうが、このような治療者の態度によって破壊性が高まってしまうこともあるのではないだろうか」と危惧の念を表しております。これは、セラピストがクライエントに対してオープンで受容的にあればあるほど、クライエントはセラピストを試すような破壊的な行動をとることなどです。たとえば、引きこもり傾向にあったクライエントがこれまで様々な願望、感情を抑圧されていたといって突然問題行動に走ったりすることなどです。筆者はセラピストの意図的な「オープンな態度」という操作性がクライエントをして、「これまで抑えていた情動」の解放を促すものと考えます。セラピストが「受け入れてくれる」ので「〜しても許される」というクライエントの思考、態度等にはセラピスト同様の因果的思考が窺えます。この場合にはクライエントはセラピストの影響下で人為的に作られた情動をあたかも自然発生的でプリミティブな情動であると勘違いしているように思われます。このようなモデルの典型は来談者中心療法ですが、現代の精神分析療法やユング派の一部など対他的関係性を中心とする一般の心理療法に多くみられます。

それでは自然モデルとはどのような原理でしょうか？

河合氏は端的に面接場面において「セラピストが『道』の状態にあるときにクライエントも非因果的に道の状態に到り」治癒が成立すると述べております。ここでの「道」の状態とは、筆者の治療者における「非侵襲的」「非操作的」態度につながるものです。河合氏の「道」という用語は古代中国の思想（老子や荘子の思想等）に由来するものです。それでは非因果的とはどういう事でしょうか？　ここで河合はユングが友人で東洋学者のリヒャルト・ウイルヘルムから聞いたという清代のある地域で活躍したという「雨乞い師」の紹介しております。「雨乞い師」の例はあまりにも有名で、ユング関係の様々な書籍にも紹介されておりますが、再度取り上げさせていただきます。「たいへんなひでりがあった。何ヶ月もの間、一滴の雨も降らず、状況は深刻だった。カトリック教徒たちは行列をなしプロテスタントたちはお祈りをし、中国人は線香をたき、銃を撃ったが、何の効果もなかった。最後に、その中国人が言った。『雨乞い師をよんでこよう』。そこで、別な地域から、ひからびた老人がよばれてきた。彼はどこか一件の静かな小さい家を貸してくれとだけ頼み、三日の間、その家の中に閉じこもってしまった。四日目になると、雲が集まってきて、大変な吹雪になった。雪など降るような季節ではなかった。それも非常に大量な雪だったのである。町中は、すばらしい雨乞い師の噂でもちきりであった。そこで、リヒャルト・ウイルヘルムは出かけて行って、その老人に会い、どんなことをしたのかとたずねた。彼は、全くヨーロッパ風にこう聞いたのである。

『彼らはあなたのことを雨乞い師とよんでいる。あなたがどのようにして雪を降らせたのか、教えていただけますか?』するとその小柄な中国人は言った。『私は雪を降らせたりはしません。私には関係ありません。』『では、この三日間、あなたは何をしていたのですか?』『ああ、そのことなら説明できます。私は別の地方からここへやってきたのですが、そこでは万事が秩序立っていたのです。ところがここの人たちは秩序から外れていて、天の命じたとおりになっていないのです。つまり、この地域全体がタオの中にいないというわけです。ですから、私も秩序の乱れた地域にいるわけで、そのために私まで物事の自然の秩序の中に居ないという状態になってしまったわけです。

そこで私は三日間、私がタオに帰って、自然に雨がやってくるまで、待っていなければならなかったというわけなんです。』

河合はこの文章について雨乞い師が『自分には責任がない』と因果的に説明せず、自分が「道」の状態になったら自然に雨が降ったというところに注目します。そして、ここでの自然は人間的な作為が加えられていないあるがままのあり方を意味し、「道」も「自然」と同じ内容であると述べています。そして「道」は老子の「物我の一体性すなわち万物と自己とが根源的には一つであること」を認める態度につながるものであると説明を加えております。以上から、雨乞い師の「道」の状態が同時に外界の自然界での「道」の状態とひとつになり、雨が降るべき時に降ったと考えることができるでしょう。河合はここでの寓話を心理療法の実践に応用して、臨床場面でのセラピストの「道」の状態がクライエントにシンクロして、同時にクライエントを「道」の状態に到らせ、自然治癒力が賦活するような治療を理想的なものと考えました。

(2) 自然モデルの臨床場面での実践――「対自的関係性」の重視

それでは「自然モデル」の心理療法はどのように実践すればよいでしょうか？　河合の言われる臨床場面でのセラピストの「無為」すなわち非操作的、非侵襲的な態度はどのように実践されるのでしょうか？　筆者はこのような具体的実践方法のヒントもここで取り上げた「雨乞い師」の話の中に見いだすことができると考えます。

この寓話への関心はユングをはじめとして河合に到るまで、雨乞い師におけるタオの状態が共時的に雨を降らせたという、その一点に注がれているように思われます。そして、この寓話を通し因果律とは異なる共時律の言及に到るようです。そこでは、「雨乞い男」が行った内容が「何もしなかった」で終わり、それ以上は言及されておりません。それでは「雨乞い師」が何もしなかった事とはどういうことなのでしょうか？　このような問いに対して、ユング派の分析家の目幸黙僊《もくせん》氏（一九八七）は次のように述べております。

「レインメーカーの話は『結合の神秘』に載っております。それは〈道〉を中心にしてセルフの話を運んでいる部分ですが、賢人は瞑想によって道の外にある自分を、道との調和において取り戻すということに関連して脚注に紹介されています」と説明しています。「『雨降らし師』が行った事は瞑想するという行為でした。『雨降らし師』は瞑想という自分に向き合う（自分の存在を忘れる）行為によって自ずと、〈道〉との調和を取り戻すことが可能になり、同時に外の世界に変化をもたらすことが出来たのです。」

目幸によると「雨降らし師」の行ったことは瞑想であり、それは徹底的に「対自的関係性」の行為だったのです。

ところで筆者は河合が「自然モデル」の心理療法の具体的な実践方法について言及しなかった理由のひとつもここにあるのではないかと勝手に推測します。それは河合の拠り所とする心理療法の形態がこれまでの心理療法一般の形態を踏襲して「対他的関係性」に立脚した二者関係重視の構造だったためではないでしょうか？　これは、どこまでもセラピストとクライエントとの相互の意識、無意識を含めた直接的で情緒的な関係性（クライエントの感情への共感や転移、逆転移の関係）の中での治療（たとえ河合氏がクライエントの夢を扱われた時においても）が行なわれていきます。もちろん治癒は「対他的関係性」を通してクライエントが「対自的」になることで成立します。

しかし、このように相互の関係性に焦点を当てざるをえない限り「自然モデル」は成立しにくいのではないでしょうか？　理由はセラピストとクライエントとがお互いどうし関心を向け合ってしまうからです。お互いが関心を向けあう故に双方が「無為」な状態に到ることは困難とならざるをえないでしょう。たとえ一時的に「対自的関係性」になっても、「対他的関係性」が土台にあるかぎり、M・フコー（フランスの哲学者、一九二六〜一九八四）の言う、至る所からも生じる権力関係に陥らざるをえないからです。「無為」とは他者へ関心を向けず、自己自身にのみ関心を向けることであり、さらにはそのような自分の存在すら忘れることでもあります。

そのような無為の関係性のなかで初めて「治す」「治される」関係を超えていくことができるものと考えます。

次に、「雨乞い師」の寓話には、具体的な個人は登場しません。大切な事は「雨乞い師の心の状態」のみです。それに向き合うことで同時にその土地の気象の乱れや人心の乱れを解決していきました。

彼が向き合ったのは、この地方に入ってから不調をきたした彼自身の身心の状態であります。それは、この地方の人々の人心が乱れていたが故に自然現象も乱れていたためです。人心という内的自然は外的自然（気象）と一体であると解釈されています。古代の中国思想では人心の乱れは気象の乱れ（ここでは日旱）と同時に起こると考えました。これを天人同一の思想とよびます。それは、本来の調和としての「道」に反するものです。「雨乞い師」が「秩序を回復」するために対象としたものは、彼自身の身心も含めたその地方の自然全体の秩序であったのです。これを心理療法の場面のメタファーとして考えると、セラピスト、クライエントを含めた「場」全体を意味するものであるといえます。そして心理臨床場面における「自然」とは「場」のことだと読みとれます。ちなみに、「場」についての言及を河合も多くおこなっています。しかし、これを心理療法の具体的な方法に結びつけるアポリアの解決には到っていないようです。筆者の「対自的関係性」を中心とした「瞑想箱庭療法」は河合のアポリアへのひとつの答えになれば幸いです。ただしセラピストとクライエントの努力で得られるものではなく、忘我の瞑想によってもたらされるものです。忘我の「瞑想」と「箱庭」という遊びが契機で「環融空間」という「場」が自ら露わになることで治癒が成立することです。そして「環融空間」が成立している「場」での半ば受け身（無意識的状態）の「気づき」の働きが「他力」です。そういう意味では「自然モデル」の徹底は「他力モデル」になっていきます。「他力」の具体的な働きには「布置の体験」「象徴体験」「サトルボディの体験」などが含まれます。ここでの「他力」は筆者の三〇年以上の臨床体験を通して、クライエントを意図的に操作する事への絶望から感じられるようになった働きでもあります。

　ここでの「場」の力は治療者でもクライエントでもないことから、これらの存在を超えた「他力」としか表現しようがありません。また、クライエントが自ら従っていくときの自然治癒力は、主体的なもの（自力）であると同時に、「場」からも様々な影響を受け（他力）、それらと融合して自力をもふくめて賦活《ふかつ》してくるものでもあります。これは「自ら（みずから）」と「自ら（おのずから）」が同時に成立してくることでもあります。そういう意味では自力と他力とを包摂した「絶対他力」でもあります（本書での「他力」は絶対他力の意味です）。そこで「自然モデル」は究極的には「他力モデル」となると考えられます。

　この方法ではセラピストとクライエントの双方が瞑想に入る（環融体験）ことで、「場」の本来持っている自然の働きが現れ（環融空間）、「場」の働きによってクライエントに「自然治癒力」が賦活する療法です。以上の「癒しの場」が成立するためにはセラピスト、クライエントがともに自分自身に向き会う事（環融体験）は必須です。

（3）「他力」と中動態

　以上のような絶対他力の「理解」は別の論点から考えますと、言語学での「中動態」という文法用語で説明することが可能です。「中動態」とは古代ギリシアでよく用いられた動詞の一形式です

従来のモデル　意図的に形成される治療空間

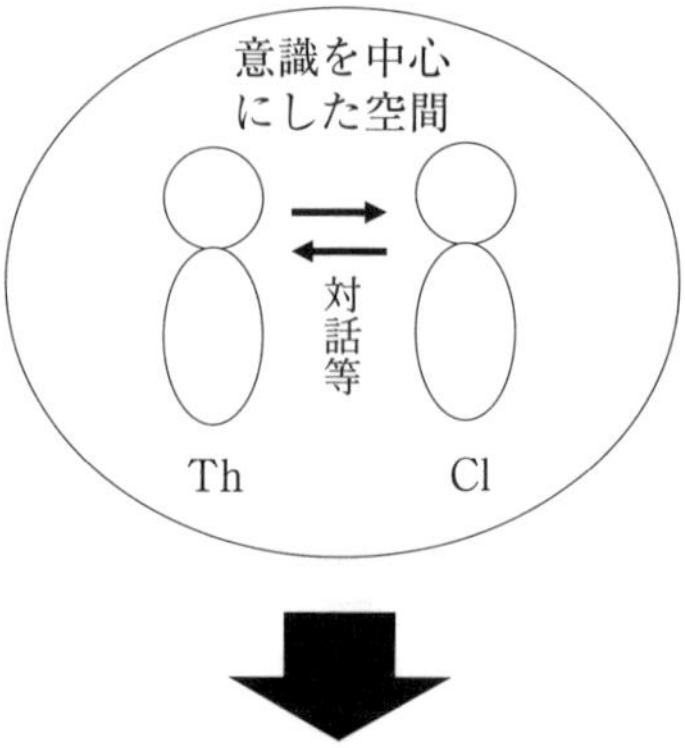

他力モデル　　　　他力（自然）の場

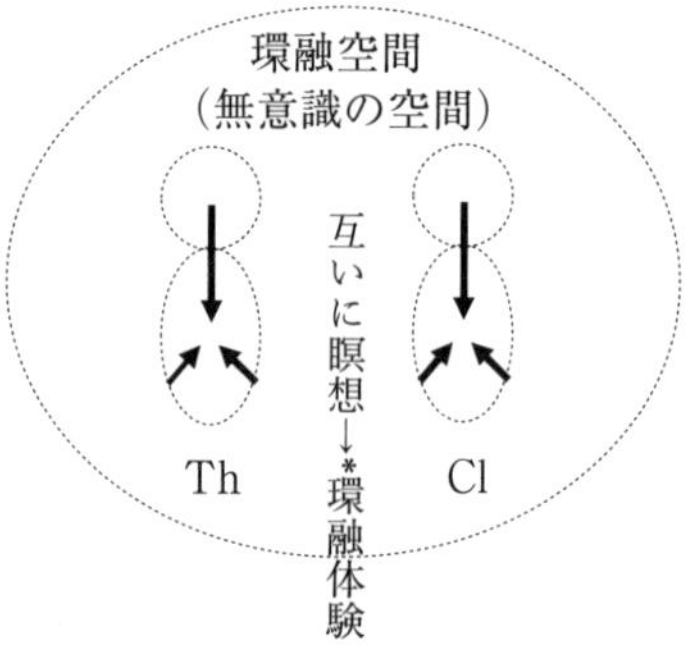

*環融体験として、以下の体験が生じる
1．布置の体験（Cl、Th）
2．サトルボディの体験（Cl、Th）
3．象徴体験［箱庭］（Cl）

図１　他力モデル

（表１）

心理療法のモデル	医療モデル	教育モデル	成長モデル	自然モデル（他力モデル）
代表的な心理療法	精神分析療法	認知行動療法	来談者中心療法	瞑想箱庭療法
心理療法の形態	対他的関係性重視	対自的関係性重視（ただし教育的）	対他的関係性重視	対自的関係性重視
思考の型	因果的思考	因果的思考	因果的思考	共時律・縁起律的思考

が、それは能動的に、思考・意志・行動する状態を表すものでも、受動的に「そうさせられた」という状態を表すものでもありません。気がついたら「そうしていた」「そうなっていた」という状態を表す語です。自然治癒力に関していえば、「気がついたら気づきがおこっていた」「気がついたら治っていた」ということです。ここでは、能動性でも受動性でもないことが強調されますが、筆者はそのような働きは「受動性」「能動性」を含んだ「絶対の受動性」であり、「絶対他力」としか名づけようがないと考えます。そして「絶対他力」は「場」において働いてきます。（大住誠）

第三章　瞑想箱庭療法の理論と実際について

（1）従来の箱庭療法と瞑想箱庭療法

従来の箱庭療法はD・カルフ女史によって創始されました。カルフはC・G・ユングやその高弟のE・ノイマンの学説を背景に箱庭療法の理論と方法について言及しました。カルフの理論・方法は世界各国に広まり、我が国ではカルフから直接に訓練を受けた河合隼雄によって臨床心理学が紹介され、教育界、医療、福祉、司法などの領域で幅広く実践されるようになりました。従来の箱庭療法の理論と方法は以下のような内容です。まず、面接場面でのセラピストとクライエントとの情緒的関係性が何よりも重視されました。それは〈母子の一体性〉という用語からも窺えます。カルフの言う〈母子の一体性〉とはセラピストがクライエントに対して受容的、共感的であることで、セラピストとクライエントとのセルフが一体化するというノイマンの説に基づいた考え方です。たとえばノイマンはクライエントの置く箱庭には母子一体の象徴表現の後に、植物的段階、動物的段階、闘争《とうそう》の段階などが、順次表現されてくると述べています。このような説はノイマンの発達論に基づく考え方です（ノイマンの発達説はここでは省略します）。またカルフは、ユングのいう「キンシップリビドー」という概念を重視します。「キンシップリビドー」は「血族関係リビドー」とも訳され、「親族間での情緒的な交流」を意味します。そして、セラピストからのあたかも「母親のごとき」共感性によって成立する治療空間をカルフは「自由で保護された空間」と名付けました。

カルフの理論と技法はクライエントが幼児の場合や一部の重篤な精神疾患（特にトラウマ性の疾患）を患う対象には有効性があると考えられます。にもかかわらず、大部分の思春期以降の様々な神経症水準のクライエントにとっては、場合によっては有害ですらあると筆者は考えます。理由は先に述べたような、「心理療法」一般が陥らざるをえない「侵襲性」を地でいくものに近いからです。また、箱庭療法を実践されている方ならばどなたもお気づきだと思いますが、箱庭の象徴もノイマンの学説の通りに必ずしも表現されるものではありません。ノイマンの説はあくまでも仮説にすぎないのです。

瞑想箱庭療法は以上述べたようなカルフの理論と技法とは若干《じゃっかん》異なるものです。

〈1〉瞑想箱庭療法の流れ

①導入及び日記面接→②瞑想（瞑想はセラピストとクライエントとがともに行う）。→③箱庭療法（クライエントのみ行う）。

〈2〉内容

①導入および日記面接療法について（全面接時間四〇分中約一〇分）

ここでは、クライエントの持参する日記の内容についてセラピスト側からの支持を行います。何故に日記が用いられるかについては、瞑想箱庭療法の体験との現実生活の変化との繋がりをクライエント自身が自ずから気づけるようになるためです。それ故に、日記の感想には「五感が自然に開かれた時の身体的体験」や「気がついたら症状を忘れ『執われ』を離れていた体験」などを書いてもらいます。こうした体験は環融体験に近いものであり、そのような体験が成立する生活空間には環融空間に近い「場」が成立しております。なお、日記はクライエントの自由意志でつけられるものであり、日記を書きたくない場合は書けなくても全く問題ありません。なお、日記面接ではセラピストとクライエントが日記を媒介として対話する形成となるために、対他的関係に陥ることを防げます。また、日記面接以外の場においてクライエントからの情緒的共感を求められた場合には、共感的不問（共感しつつも、クライエントの感情に執われない）に極力徹します。（日記を用いる心理療法的背景の詳しい説明につきましては後述いたします。）

日記の例――あくまでの参考であり、必ずしもこのような型式でつける必要はありません。

月　日　　天気：

起床：
午前：行動できたことがらを一行程度
午後：　同じく
本日の感想：一から三行程度（気がついたら「～していた」という体験、特に直接感覚などの体験、症状に対してどのように対処したかの体験など）

②瞑想

セラピストとクライエントがともに瞑想を行います。ここでの瞑想とは、眼を閉じ、呼吸を整え、意図的、意識的な心理状態を離れることです。雑念に注意を向けないことでもあります。ただし、マインドフルネス療法のように瞑想に到る様々なトレーニングは行いません。ただセラピストとクライエントがそこの場で「眠くなるほど気持ちがよければ良い」だけです。瞑想中は睡眠の状態ではなく、意識はある程度保たれています。レム睡眠に近い状態にあります。

なお、瞑想は最初、セラピストとクライエントが向かい合わない角度で同時に行います（図2）。そしてセラピストの瞑想が深まりそうな度合いでクライエントに声をかけ、クライエントは箱庭療法に入ります。声かけのタイミングはセラピストが、瞑想に入った段階でおこなうと良いでしょう。慣れてくるとクライエントもほぼセラピストと同時に瞑想に入れます。（約一〇～一五分）

図２　瞑想の様子の図（図・永田彩乃）

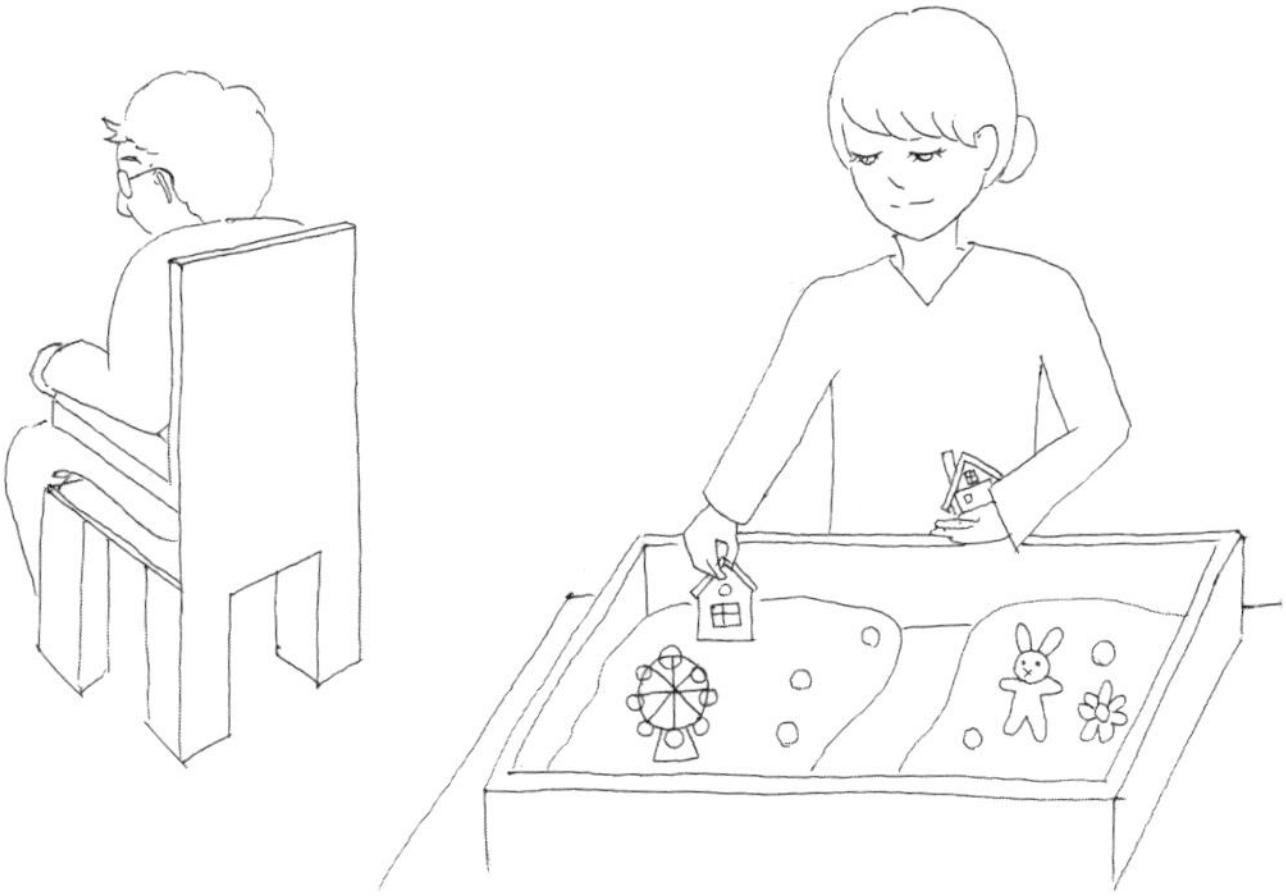

図３　瞑想箱庭療法の様子（図・永田彩乃）

③箱庭療法

箱庭療法はクライエントのみが実施します。セラピストは後ろ向きに座り、クライエントの箱庭制作が見えないかたちで瞑想を継続します（図3）。クライエントの箱庭終了の合図とともにセラピストは箱庭表現を見るが解釈は行いません。（約一〇～一五分）

頻度：面接の頻度は原則として二週間に一度の頻度で、一回約四〇分前後の心理療法（注：以上の頻度、時間には明確な根拠はありません。筆者の臨床実践から生み出された経験則にすぎません）

（2）瞑想箱庭療法の理論的考察

次に瞑想箱庭療法における「瞑想」や「箱庭療法」、日記面接療法の内容やその臨床心理学的な意義について説明いたします。

瞑想について

瞑想とは眼を閉じて想いを巡らす行為のことです。現在ではマインドフルネス瞑想が有名ですが、マインドフルネス瞑想はマサチューセッツ医学大学院教授であるジョン・カバットジン博士（一九四四～）が開発した方法です。マインドフルネスは上座部仏教で実践されているサマタ・ビバシャナという瞑想方法を参考にしています。サマタとは心のざわめきを止めることであり、ある対象に意識を集中させることでもあります。ビパシャナとは心の内を観察する事です。以上の方法を日常生活に取り入れる事で「うつ病」の治療への高い効果を示していると言われています。また、現在ではマインドフルネス瞑想の応用がビジネスマンのストレス対策や教育界においても取り上げられております。さらに、マインドフルネスは瞑想一般を意味する用語としても定着した感があります。ところで、瞑想箱庭療法で行う瞑想は明らかに、サマタ・ビパシャナとは異なります。その違いのひとつとして、瞑想箱庭療法で瞑想中に「意図的・意識的になりません。」これは、瞑想中は、瞑想している「自らをも忘れること」にあります。このような瞑想は「忘我の瞑想」とよぶことができるでしょう。これは「無心」の状態でもあります。

もうひとつさらにマインドフルネスとの大きな相違があります。マインドフルネス瞑想では、明確な目的のもとに瞑想が実践され、瞑想の効果は脳の認知機能の変化としてエビデンス化出来るものとされている点です。対する「忘我の瞑想」には瞑想することへの明確な目的など存在しません。むしろそのような「目的意識から解放され」ていくことが重視されます。ただし、「それも目的ではないか」と言われると反論しづらくなりますが、「目的や結果などどうでも良い」「ただこの型に従ってみよう」くらいの気持ちが大切です。いわんや、脳の認知機能との関係性やエビデンスなどは、結果的にそうなっても、そのことに斟酌することはありません。ひとつの例えになりますが、浄土真宗の始祖親鸞《しんらん》（一一七三〜一二六二）は、これまでの仏教における様々な修行（たとえば悟りを開くために『真言・陀羅尼を称えたり肉体を酷使する』等の様々な行）を否定して、さらに極楽浄土に往生するための念仏の行をすることすらも否定して、「無義」の行いとしての念仏にたどりつきました。親鸞のいう「無義」の行いに近い行為が「瞑想箱庭療法」における瞑想です。大切なことは「〜すれば〜なる」という因果的思考から解放されることです。

なお、忘我の瞑想は荘子《そうし》（前三六九〜前二八六）の「座忘」に始まります。「忘我の瞑想」によってクライエントは症状やその他の執われを離れることができるようになります。「忘我」状態が「無為」に近い状態にあるためです。ここで重要な点はセラピストが「無為」・「無心」の状態に入ることで、セラピストのクライエントに対する操作性、侵襲性が消滅することです。そして、瞑想の形態で双方が「対自的関係性」になるためにクライエント方にも「無為」「無心」が成立してくることとです。その後のクライエントの「無為」に基づく箱庭制作は自身の症状に対する執われや、症状に由来する様々な否定的な感情への執われを離れることを可能にしていきます。そして何よりも重要な違いは瞑想箱庭療法における瞑想には特別な治療的意義は存在しないということです。あえて理由づければ、セラピストとクライエントが面接室において自らの身心をその「場」に放棄するひとつの「型」に他なりません。ただ眼を閉じ「ぽかーん」とするような日常生活の一部に匹敵する型に入ればよいのです。

なお、「忘我の瞑想」を通してセラピストやクライエントの身体感覚が覚醒することがよくあります。たとえば、瞑想箱庭療法に入る以前と終わった段階では、面接室の雰囲気を著しく変化して

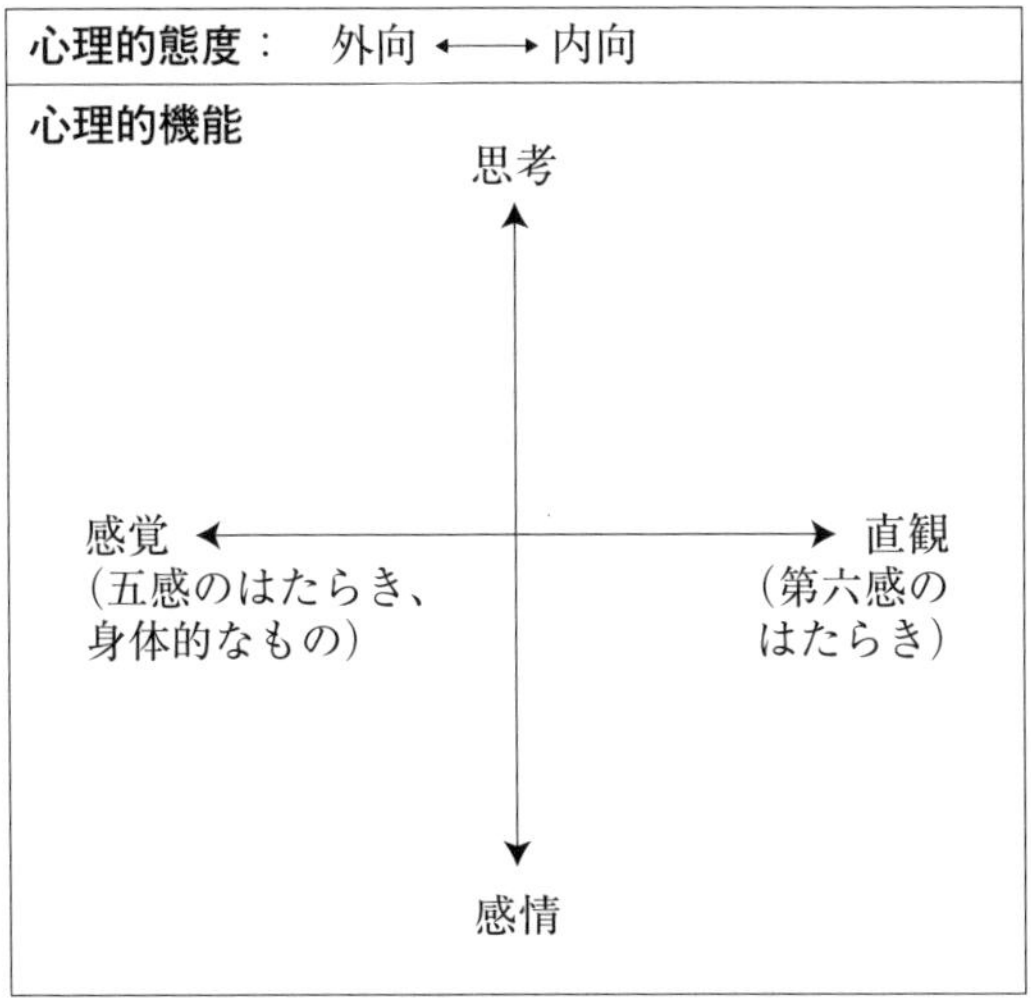

図４　ユングの心理的機能の図

感じられます――たとえば「面接室に入る時には気がつかなかったが、花瓶の花が美しく見えたり、面接室の窓からの夜景が鮮やかに見えたり、さらには、気になっていたセラピストの存在が気にならなくなった、自分の身体が透明になったように感じたり」さらには、箱庭に置くアイテムが「生きているように見えたり」する事などです。これは、クライエントの心理状態が思考や感情のような分別的（価値判断的）な心理機機能（ユングはこれらの心理的機能を合理機能と名付けております）を主として営《いとな》んでる日常生活とは異なるためです。日常生活で看過している、感覚機能や直感機能（不合理機能）が賦活してくるためと考えられます。

瞑想における環融体験・環融空間の深層心理学的意味

瞑想箱庭療法でセラピストとクライエントとが「忘我の瞑想」に入っていく体験を筆者は「環融体験」という概念を用います。「環融体験」とは瞑想することを通してセラピストとクライエントの自我が面接空間に溶け込むことを意味し、そのような「『環融空間』で成立する『場』が『環融空間』です。」その「場」においては双方の身体感覚が開かれてくることを特徴とします。そしてこの「環融体験」と「環融体験」によって成立する「環融空間」こそが瞑想箱庭療法での重要な治療機序となると筆者は考えます。

また、これらが第一章で述べたような心理療法に伴う副作用を低減する原因にもなると考えます。「環融空間」がカルフの「自由で保護された空間」とはいかに異なるものであるのかも理解していただけたと思います。

ここで以上のような「環融体験」の内容を深層心理学的に考えていきましょう。「環融対験」について深層心理学的に言及する際に意識の構造についての考察はさけることはできません。

意識の構造について

意識（こころ）の構造モデルについては、フロイトやユングによって説明されてきましたが、我が国の井筒俊彦は存在論を背景にした精緻な説明を行っています。井筒は次のような図を用いて説明しております（図5）。井筒はAの領域を表層意識としてそれ以外の領域（M、B、C）をすべて

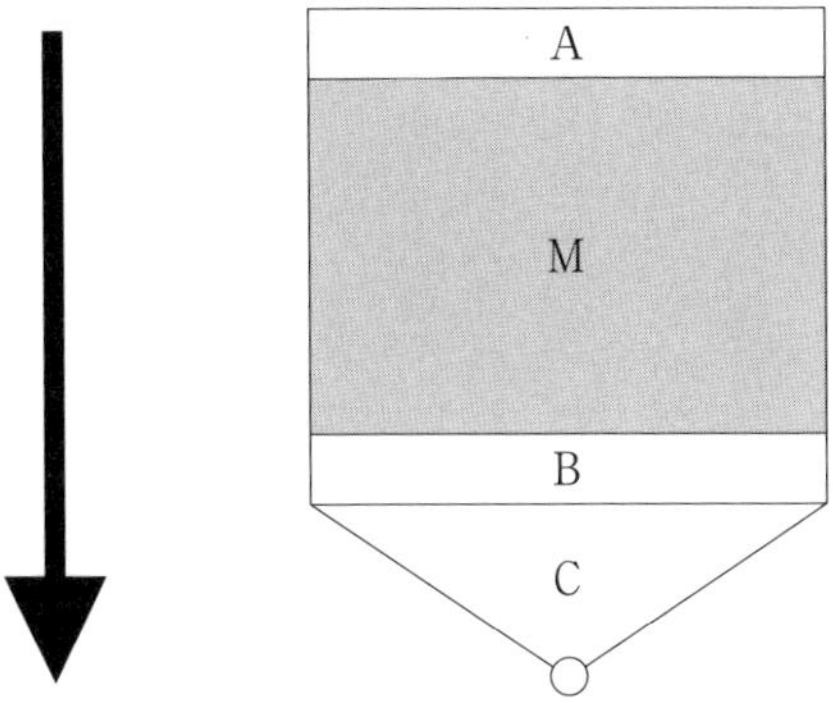

図５　意識の構造モデル（井筒俊彦、1983）

深層意識としました。深層意識とは深層心理学での無意識の領域を意味します。表層意識とは自我によって統御された日常意識に他なりません。そして最下の一点はゼロ・ポイントと名付けられ「無」そのものであり、大乗仏教で言われる「空」であると説明されています。Ｃの領域も言葉・意味が発生していない無意識の領域であり、Ｂの領域で次第に意識化の胎動が始まり、この領域で言葉・意味が発生すると言われます。井筒は言葉・意味の内容としてユング心理学の元型を取り上げ、元型はこの領域で発生すると述べております。さらに、Ｂの領域には様々な元型的な働きが発生しますが、ここには「こころの全体の統合を中心とするセルフの働き」も発生します。セルフの働きはＭ領域において曼荼羅・中心化等のイメージで現れるとされます。セルフについては事例から後述します。Ｂ領域は心理的であり、生理的でもあって、こころと身体とが分けられていない領域であるとも言われ、ユングによって「類心的無意識」「身体的無意識」とも名付けられています。身心一如の体験が成立するのは類心的無意識の働きでもあります。たとえば私たちが我を忘れて何かに没頭している状態を想像してください。そういう時には自分の身体さえ忘れております。これが身心一如の状態です。この時の私たちの自我は日常の自我ではありません。無意識の状態に降りて、類心的無意識を体験しております。

次のM領域は中間領域であり「想像的イマージュ」の場所とも言われています。B領域で成立した元型はこの領域で様々なイマージュ（以後元型的イメージとする）を発生させ、元型的イメージは象徴機能を発生させると言われます。象徴機能という概念もユング心理学で用いられるものです。象徴とは私たちの情動を激しく揺らすようなイメージの体験を意味します。たとえば、箱庭制作の時、あまり意識しないでアイテムを置いていきましたが、あとで作品を眺めてみると、そこに置かれたアイテム（たとえばリンゴ）に感情が激しくゆり動かされる場合があります。そして、自分の感受性の質が変化する場合すらあります。このような情動をかき立てるイメージが象徴であり、それに伴う身心の体験が後述する象徴体験です。

それでは瞑想箱庭療法を通して環融空間が成立することで、クライエントにどのような体験が可能になり、自然治癒力が賦活化していくかを、図を通して説明します。

①環融体験・環融空間の成立

深い瞑想を通してセラピストとクライエントとの双方の自我は深層領域に降りていきますが、それはB領域にあるいは瞬間的にはゼロポイントにも触れることです。環融体験とは以上のようにセラピストとクライエントの自我が瞑想を通して心の深層におりていく体験を意味します。環融体験においては、セラピストとクライエントの身心が「場」に溶け込み、「場」と一体になります。そして、そのようにして成立してくる「場」を環融空間と筆者はよんでいます。この環融空間こそがクライエントの箱庭表現をより自由にして、自然治癒力を賦活させる要因となります。ここではセラピストとクライエントとの「治す人」「治される人」という権力関係も喪失します。理由は「セラピスト」も「クライエント」も「無為」「無心」に近い状態にあるからです。先述した「雨乞い師」の寓話で説明すると、セラピストもクライエントもともに「雨乞い師」になることに他ならないでしょう。それは深い瞑想を通して自我が時間的にもゼロポイントに触れることで、事物を区別していた境界線がはずされ「限りなく細分化されていった存在の差別相が、一挙にして茫々たる無差別相の空間に転成」します。「無差別相の空間」とは存在しているすべての事物が互いに浸透しあうことです。たとえば面接室におかれた花瓶の花とクライエントを私達の思考や感情は区別することが常識ですが、そうした区別に執われず、ただ知覚だけが流れていくという体験です。クライエントも花瓶の花も陽炎《かげろう》のように流れて見えたり、面接室の光景や窓の外の風景が輝くばかりに鮮やかに見えたりします。けれどもそのように感じているセラピストは自身の存在を忘れています。

②サトル・ボディの体験

ところで、環融体験では自我は瞑想を通してB領域の類心的無意識を体験します。このようなイメージとしての身体をユングはサトルボディと名付けました。そしてイメージとしての身体の体験をサトルボディ体験と筆者はよんでいます。サトルボディとは「微妙な、とらえがたい身体」であり、「こころとからだが分かれていない領域の身体」であり「心理的とも生理的とも決めがたい身体」であり「みえない身体」「気としての身体」という意味でもあります。

それ故にイメージとしての身体としか表現のしようのないものです。

とはいえサトルボディという概念はとても掴みどころのない、いかにも座りごこちの悪い用語です。それは古代インドのヨーガの文献に由来するものと言われます。ヨーガの瞑想において、瞑想者の身体は、日常で意識する身体とは異なり、あたかも、存在していても存在していないような透明感を感じられるとのことです。それは、先の身心一如の状態の時に自らの身体を忘れさることに近い体験であると考えられます。ヨーガではこのような体験を通しての感覚される身体を微細身とよび、日常に意識する身体を粗大身とよんで区別しました。ユングは微細心をサトルボディ、粗大身をグロースボディと翻訳しました。

サトルボディの体験は身近な心理療法の場面ではセラピストとクライエントとが深い瞑想に入ると、双方が「自分が肉体（グロースボディ）としての身体を持っているという感じ」、あるいは双方の身体が近くに存在しているという脅威がなくなります。簡単に言えば双方が自分の存在も相手の存在も忘れてしまい、気にならなくなることです。たとえば、筆者の例では、ある回の瞑想箱庭療法の終わりにクライエントさんが「自分の身体がなくなってしまったような感じがします。先生も目の前におられていないような感じすらします」と語られたエピソードからも窺うことができます。一方でセラピストもまた「自分の身体があるという意識やクライエントの身体がそこに実体として存在している」という体験が希薄になることがほとんどです。以上のサトルボディの体験はセラピスト、クライエントの身心は「場」に溶け込み「場」と一体になっている環融体験の内容であり、環融空間において成立したものと考えることができます。これは、セラピストとクライエントの双方が「無為」に近い状態にあり、「執われ」を離れている状態でもあります。

以上の体験においては見る主体としてのセラピストの存在も見られる対象としてのクライエントの存在も希薄になり、セラピストからクライエントに対する操作性、侵入性の一切が消滅することを理解していただけると思います。

次にサトルボディの体験で重要な点は、クライエントに、自分が置いた箱庭のアイテムがあたかも「生きている」ように見えたり、場合によってはクライエント自身が箱庭の世界に入ってしまい、箱庭のアイテム「そのもの」になってしまったかのような想像をおこさせることです。これはサトルボディの体験が「生理的」であるとともに「心理的」であることに起因します。正確には、箱庭に表現されたアイテムがクライエントの内界ばかりではなく、身体として体験されるためです。以上のようにサトルボディの体験とは、「心」と「もの」(身体、アイテム)との中間領域をクライエント(もしくはセラピスト)が想像活動を通して体験することであるとも考えられます。

③布置の体験

布置《ふち》とは瞑想の最中に突然にセラピストの身心とクライエントの身心とが非因果的に共鳴しあう現象です。たとえばクライエントの身体の痛みにセラピストが共鳴するとか、クライエントの置こうとしている「箱庭のイメージ」がセラピストに突然浮かび上がる等などです。さらにセラピストにクライエントの今後の治療の方向を示唆させるようなイメージが浮かび上がることさえあります。このような現象が起こる場合には、筆者の経験では心理療法が促進することが多々あります。「布置」がどうして生じるかは図6を見てください。先の環融体験において「環融空間」が成立しているときに、セラピストとクライエントとの無意識は「場」に溶けこんでおります。そして双方の身心は「場」を通して通底しております。ユング心理学でも、セラピストとクライエントの無意識が通底する現象を「布置」とよんでおりますが、一般の心理療法ではそうした現象を、セラピストとクライエントとの転移、逆転移関で説明する傾向があります。ところが瞑想箱庭療法での「布置」はセラピストとクライエントとが瞑想を通して「場」に溶け込み、「場」と一体になることで両者の間に心も深層での通底が生じる現象です。そして、このような現象はセラピストとクライエントとの双方はあるいはどちらか片方でもが「場」に溶け込む状態が深くなればなるほど起こりやすいと言えます。なお、イメージの布置はセラピストだけが気づく場合がありますが、時間とともに、クライエントにもイメージが布置し、以前の面接の回でセラピストの瞑想の中でのイメージと同じような内容が箱庭に展開される場合すら存在します。なお、瞑想中の「布置」については、そのよ

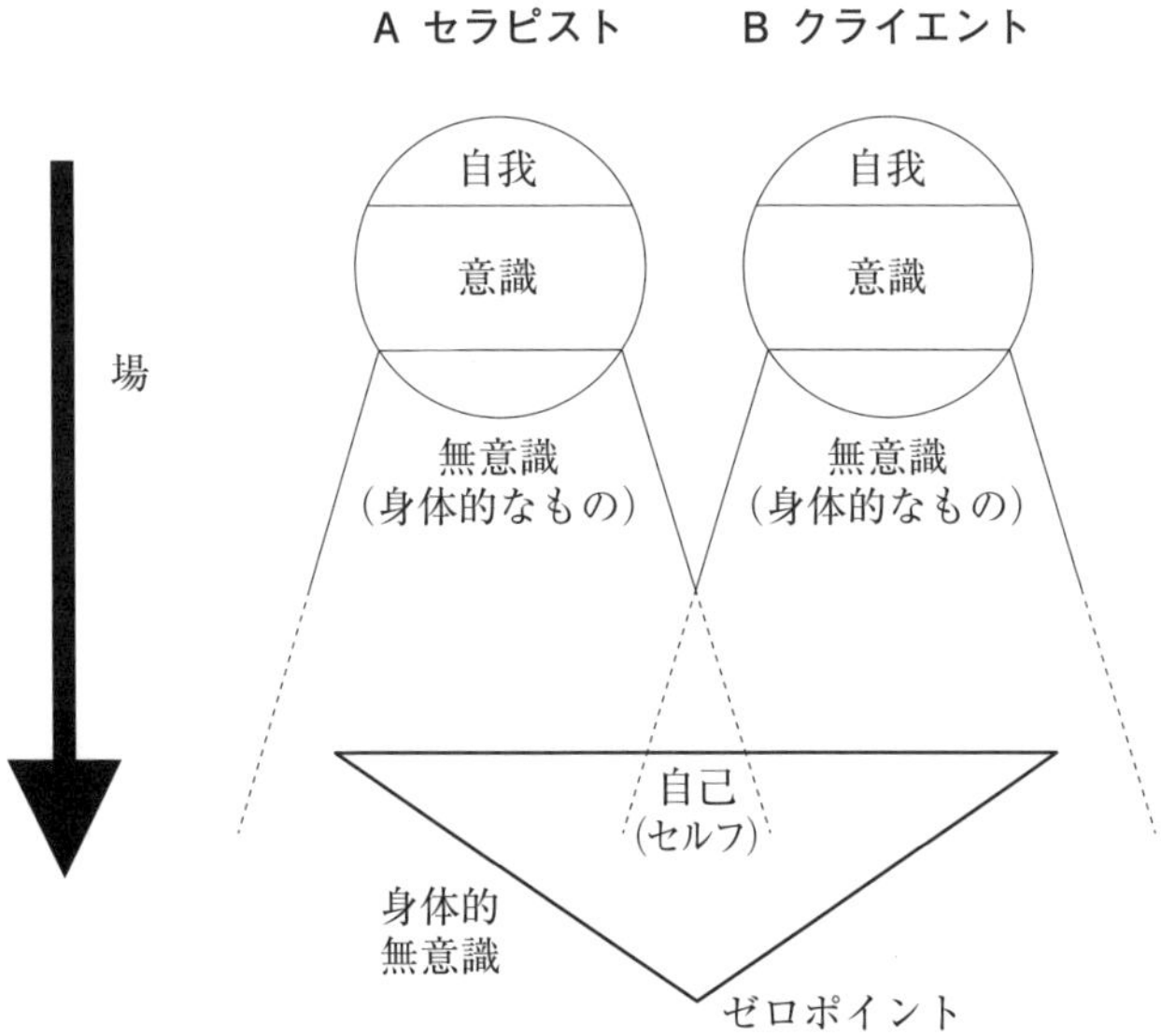

図6　布置について（著者による）

うな体験に固執しないことが重要です。理由は、その体験に執われること自体が「無為」の妨げになるからです。

④象徴体験

象徴体験とはクライエントの箱庭表現を通して成立するクライエント自身の体験であります。象徴体験を通してクライエントの「自然治癒力」が賦活し箱庭療法における治癒が成立していきます。象徴とは、先の図5のM領域に存在する元型的イメージを意味します。象徴は元型的イメージの創造的な面が最も顕著に認められるところです。それは今後の未知なものを表現しようとする最良のものであるとも言われます。今後の未知なものとはクライエントの変化と可能性を意味するものでもあります。象徴には様々なイメージがあり、その代表が曼荼《まんだ》羅《ら》です。曼荼羅とは箱庭表現に、四方を円や四角等で囲まれた中心が明確になるイメージを意味します。それでは何故に象徴には自然治癒力を生み出す根拠となりえるのでしょうか？ 理由のひとつは、象徴が対立や矛盾を包みこむ多義性や逆説性を持っていることによると言われます。矛盾を包みこむ多義性や逆説性を持っているとはどういうことかは、たとえば私達の心が苦しんでいる状態を想像してみましょう。それは（もちろん病態によって様々ですが）「不安を取り除きたいのにも関わらず取り除くことができない」等の葛藤《かっとう》にさらされている状態であることが多くあります。この葛藤の状態を「あるがまま」に包む働きが象徴（イメージ）には存在します。そして、象徴が表現されることで、クライエントが葛藤を「あるがまま」に受け入れることができるようになります。なお、象徴の表現はクライエントに原始的な情動を呼び覚ますことも多々あります。原始的な情動とは、「驚き」や「喜び」「欲望」などの感情や欲求が価値観による判断をふくまず「あるがまま」に直接的体感されることです。こうした原始的な情動は「生きようとする欲望」の基盤でもあります。

理由の二つ目は箱庭の制作と象徴の表現がクライエントに「自分の全体を俯瞰《ふかん》できる」という認識を成立させることです。たとえば箱庭を制作している時のクライエントの意識（こころ）は瞑想中のように忘我の状態ではありません。忘我の状態では主客の区別も定かではありません。箱庭制作中はうつろな状態で、充分に覚醒しているとは言えませんが一応、主体と客体は分離しつつあります。一般的にはイメージや象徴は、意識と無意識の境界に現れてくるものと言われます。うつろな状態とは、クライエントの自我が意識と無意識の境界にあるということです。ところで私達に自分自身に対する認識が成立するためには、主客の分離がなければなりません。これは「見る自分」と「見られる自分」が分かれていることです。クライエントは象徴表現を行うことで、自分自身の全体（見られる自分）を「あるがまま」に瞬間的、半ば無意識で俯瞰できるようになります。たとえば「不安」や過去の嫌な記憶に執われていた自分が「今まで何故にこんなことに悩んでいたのか」と覚める瞬間などです。このようにクライエントの箱庭制作とそこでの象徴表現は、クライエントが自分自身を認識するひとつのツールになっており、それは視覚化を伴うものでもあります。

瞑想だけではなく象徴表現とそれに伴う自己認識さらにそうしたことの視覚化が可能になるところは瞑想箱庭療法が瞑想だけに完結しない特色であります。なお、筆者は以上のような無意識的な自覚の働きを「他力」とよんでおります。

（3）日記面接について——森田療法と瞑想箱庭療法

日記面接では森田療法的な考え方が参考にされます。

理由は森田療法が、東洋思想（特に禅仏教や老荘思想）の影響を受け、

（図7）

環融空間
環融体験

- （1）サトルボディの体験
- （2）布置の体験
- （3）象徴体験

注：（1）（2）（3）は環融空間の中で同時に体験されることも多い。

原理的には極めて瞑想箱庭療法に近い考え方を持っている点にあります。

それではどういう点で原理的な共通点があるかというと、森田療法の治療の目標がクライエントが様々な精神症状に対する「執われ」を離れることにあります。そのような状態を森田は「あるがまま」とよびました。「あるがまま」とは「無為」に近い状態です。

そして、森田は「執われ」の内容を大きく二つに分類して説明しております。ひとつは「思想の矛盾」という執われです。「思想の矛盾」とは「かくありたい理想の自分」と「その通りにならない現実の自分」との落差に悩むことです。「べき思考」がもたらす執われとも言えます。二つ目は「精神交互作用」という執われです。これは、クライエントが症状たとえば「不安症状」を排除しようとすればするほど、注意、関心がそこに向けられ、かえって症状が悪化してしまう悪循環を意味します。これは症状である「不安感」から回避しようとしている状態です。私たちは激しい不安感に襲われると、現在の自分が不安の状態にあることすら自覚できていない場合が多くあります。森田療法ではこのふたつの「執われ」を打破することを治療の目標と考えます。そのために、森田が健在のころの主な治療方法では、一定の期間、神経症の患者さんを個室に閉じ込めて、食事、排泄以外を一切禁止させる入院森田療法が一般的でした。当然この間に患者さんは強制的に自分の症状と直面せざるをえなくなります。そして、煩悶《はんもん》の中で、症状に対する「執われ」の想いが断念された時に、「無為」「無心」の状態に到ります。これを森田は「煩悶即解脱《げだつ》」という仏教でいう悟《さと》りと同様な体験として考えました。以上のような、個室での期間を「絶対我辱期」と名付けました。

「絶対我辱期」の後は「軽作業期」「重作業機」と作業療法を中心とした行動療法的な生活指導が続きます。そして、約四〇日間位を目安としての社会復帰が望まれます。なお、「入院森田療法」は集団精神療法です。

「入院森田療法」は患者さんに対して「我辱期」に耐えるだけの強い意志が必要とされるばかりではなく、医療側での準備等も通常の精神科の入院よりも負担が大きくなるためにあまり行われなくなりました。簡便であるという理由から現代では外来森田療法が盛んになっています。外来森田療法の治療方法では、クライエントがまず自らの不安に気づき、次に不安を排除せずに、不安の状態のままに行動していくことが求められます。これを「気分本位」から「行動本位」へと言います。

そして、いかなる感情もある一定の時間を過ぎると沈静化していくこと（感情の法則）を体得するように勧めます。森田療法（特に現代の外来森田療法）では日常生活において、「感情の法則」「行動本位」の生活を行うことが治療の実際になります。

また、森田療法では「生の欲望」という用語を用いて、クライエントに賦活してくる「～したい」という原始的な欲求を重視します。「生の欲望」は「不安」と表裏一体であるから、「不安」の背後に存在する「生の欲望」に関心を向けることなどが重視されます。また、「生の欲望」は執われを離れていくときの原始的な感情をとおして賦活してくるものであるとも言われます。この原始的な感情を「純なこころ」と名付けました。

これまで述べてきましたように面接室での瞑想箱庭療法の体験は森田療法の「『執われ』を離れ

る」という治療目的に沿うものです。なお、森田療法（特に外来森田療法）ではクライエントに対して日々の日記をつけることが推奨されます。日記には「不安のままに行動する」という「行動本意・目的本意」の記述や「～してみたい」という「生の欲望」などに焦点を充てた記述やセラピストからの助言がなされます。瞑想箱庭療法においても日記が勧められます。ただし、瞑想箱庭療法での日記は、森田療法の日記のようにクライエントの意識的な努力の側面以上に、無意識的な部分（アンコンシャス）に焦点を充てた記載が勧められます。たとえば「気がついたら～していた」「気がついたら五感が開らかれていた」のような体験です。

（4）瞑想箱庭療法と森田療法との相違

このような相違は瞑想箱庭療法と森田療法とでは、技法のみならず、理論上に差異が存在するために生じるものと考えます。たとえば森田療法には「無意識」という概念は存在しません。一方の瞑想箱庭療法では、瞑想を通してセラピストとクライエントの自我が無意識の層へと降りていきます。「瞑想」という技法と「無意識」という概念とは深く結びついています。そして、自我が瞑想を通して無意識層に降りていく体験を通して「環融空間」という「場」が成立するものと考えます。この環融空間のなかでクライエントが体験する「サトルボディの体験」「布置の体験」「象徴体験」などは無意識的なイメージの体験でもあります。そして何よりも重要な森田療法との相違は、以上のようなクライエントの面接室での体験が、クライエントの意識的努力によって行われない点です。環融空間の中での瞑想と箱庭という遊びによっておのずからそのような体験に入っていくものです。ここには、森田療法（特に入院森田療法における絶対我辱の体験）と異なり、瞑想箱庭療法にはクライエントの苦行はほとんど必用ではありません。また瞑想箱庭療法では無意識からの生じる情動や意欲がクライエントの日常の行為の源になる点が尊重されますが、クライエントはただそれに任せていけば良いのだけです。これは「生の欲望」による向上心は歓迎されますが、それは「他力」によるものにほかならないことです。

そういう意味では森田療法をクライエントの意識的努力に焦点を充てた「自力的な療法」だとすると、瞑想箱庭療法をクライエントの無意識（アンコンシャス）的な動き、働きに働き焦点を充てた「他力的療法」であると結論づけそうです。

なお、筆者は今日のようなポストモダンの時代のクライエントが強い意志を持って「行動本位」を実践出来るのか疑問を感じざるをえません（もちろん一部の神経症圏のクライエントには従来の森田神経質の方もおられることは事実ですが）。筆者は森田療法における日常での「感情への気づき」「精神交互作用」「思想の矛盾」の打破、「純な心」と「生の欲望」の発見等は「あるがまま」の自然を回復する重要なプロセスであり、人為的な努力だけでは達成出来るものではないと考えます。そこで筆者はその「あるがまま」を人為的な指導で引き出すのではなく、クライエント自身のこれらの森田療法の概念が指示する「心の自然」への意図的でない気づきを何よりも大切にしたいと考えています。そういう事からも瞑想箱庭療法は意志の力で行動することを重視する従来の森田療法とは異なり、意志薄弱で行動することすら不得手なクライエントにも開かれた療法であると言えます。

最後にこの章をまとめて以下のように図示しました（図8、図9）。

（5）瞑想箱庭療法の実践方法——面接の流れの掴み方

次に瞑想箱庭療法の実践方法について、ひとつの事例を通して説明いたします。ただし、瞑想箱庭療法ではパターン化されるような実践方法は存在しません。パターン化された技法になってしまう事自体が「他力モデル」と言えないので当然です。ただし、「瞑想箱庭療法」におけるクライエント、セラピストの体験をある程度言語化することは可能です。

特に「環融空間」がどのようにして生じ、「サトルボディの体験」「布置の体験」「象徴体験」等が面接の流れの中でどのようなに生じてくるのかを体験的な把握することは意義があると思います。また、瞑想箱庭療法はクライエントの日常生活でどのような変化（気づき）をもたらすのかなど、「日記」の内容を通して掴むことなどにも充分に意義があると思います。以上のような掴みを通して、一つの型としての瞑想箱庭療法を実践的に体得できるようになると考えます。特に文中の面接の記録で太文字の箇所は以上述べた事柄と関係が深い部分なので注目してください。

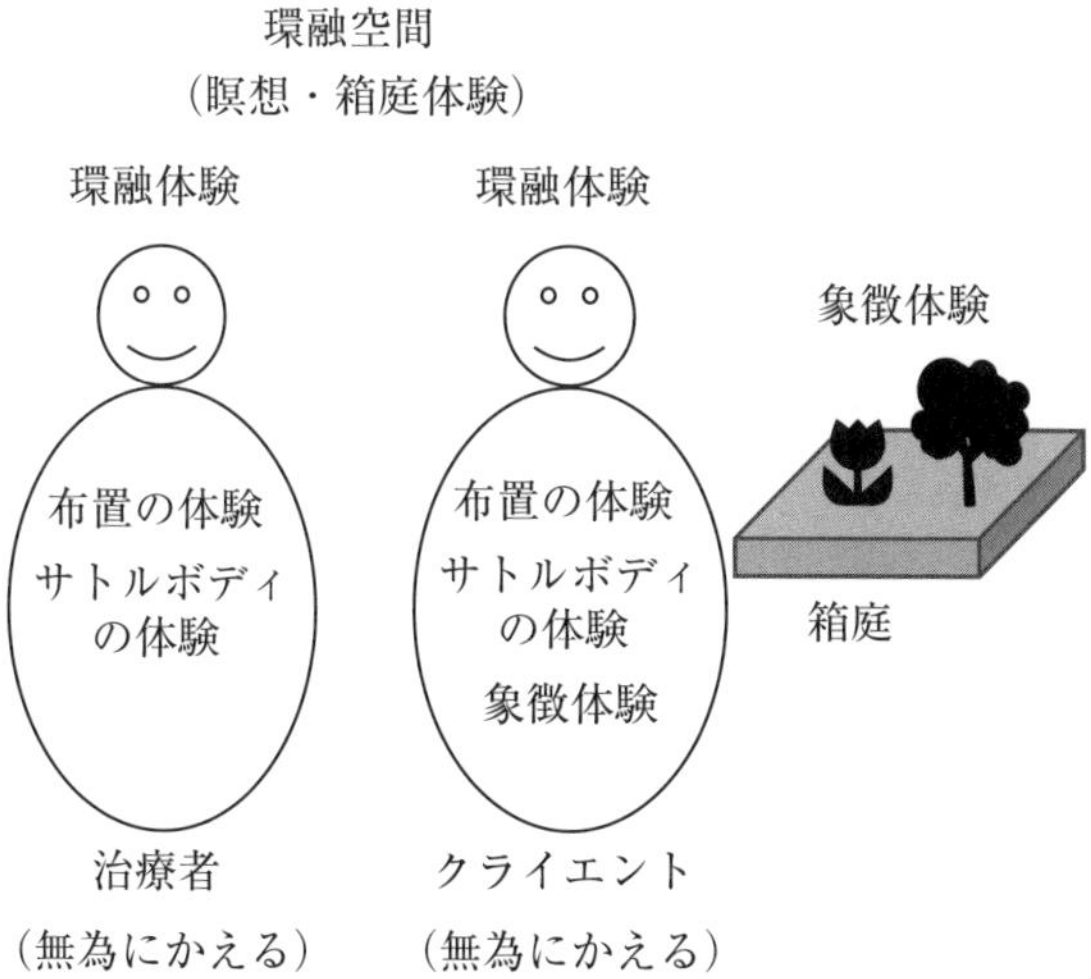

図8　面接室におけるクライエントやセラピストの体験

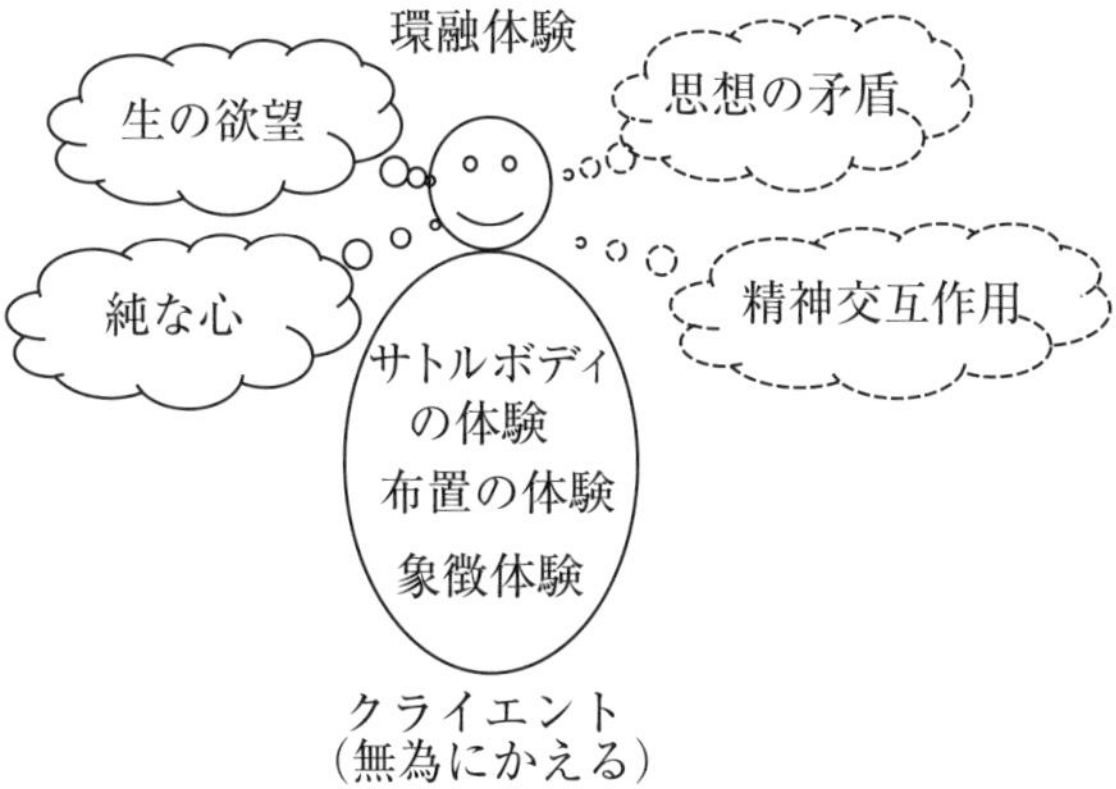

図9　日常生活でのクライエントの体験

【瞑想箱庭療法の対象】

瞑想箱庭療法の対象は神経症圏のみならず、発達障害や一部の境界例のクライエントさんにも効果が確認されています（実践編で後述します）。一般には老松氏により「発達系」と分類されるような外界からの刺激に対して過敏に反応するクライエントには向いていると考えられます。

ただし、瞑想という行為自体が、クライエントを混乱させるような症状――たとえば統合失調症や双極性障害等――には行わない方が良いと思います。また、瞑想箱庭療法は以上の精神障害のみならず、健康な状態にある人々にも予防的な意味でお勧めできます。私達は毎日々のストレスフルな環境にさらされています。そういう中で、「自分の心」と向き合い、ひたすら「遊び」に集中する時間を持つことは、効率性にのみ思考や感情を注いでいる日常生活に隙間をつくり、その空間で身心の調律が可能になります。

【事例を通して】

最初に瞑想箱庭療法の事例を取り上げます。読者の皆様は、先入観を持たずに毎回の面接の内容、特に日記や箱庭表現等に注目していってください。その際に太文字の部分を参考にしてください。

【事例の概要】

事例は医師から「うつ病性障害」、「不安性障害」と診断され臥床を中心の生活を続けているA子さん（当時三二歳）のものです。A子さんは某国立の理系の大学院を修了して薬品化学関係の企業に就職し、論文の翻訳や化学実験をデザインする仕事をしておりました。A子さんは大学時代の先輩と結婚して、二人の子どもにも恵まれて一見何不自由のない生活を送っておりました。ところが、就職してから七年目を向かえて部署が変わり、そこでの先輩との人間関係（A子さんの話から先輩とのコミュニケーションがうまくいかないとの事ですが、筆者はこの先輩の空気の読めなさからは発達障害の印象を受けました）に悩むのとちょうど時を同じくしてA子さんの二つ歳上の物流関係の企業に就職していた姉がパワハラ等を理由に突然自死されました。その会社はかなり有名なブラック企業で社員を低賃金で、長時間働かせ、さらに『仕事をすることは賃金を得ることだけが目的ではなくて、生まれてきた喜びとことの意義・生きがい』を得ることが大切」などと時代遅れの精神論を説き、社員をマインドコントロールしてきたことでも有名でした。こうした出来事を背景にしてA子さんは、食欲不振、不眠、そして抑うつ感さらには突然のパニック発作に襲われるようになり現在の状態に到ってしまいました。A子さんは薬物療法を受けている精神科医からの紹介で当心理相談室に来室されるようになりました。瞑想箱庭療法については、精神科医からの説明をすでに受けているとのことです。

【面接の頻度】

心理療法は二、三週間に一度の頻度で一回の面接時間は約四〇分です。全一〇回の面接を便宜上前期と後期に分けて紹介します。なお、日記は重要と思われるものを取り上げました。

前期：環融体験の成立期

【インテーク面接】

インテーク面接では主訴や問題の経過等をクライエントから訪ねるとともに、瞑想箱庭療法の概略を説明します。特に瞑想箱庭療法はカウンセリングと異なり、**面接場面は自分の話したい事柄を話す場ではなくて、日記や瞑想、箱庭を中心に行う場であることと、セラピストが箱庭の解釈は行わないことを伝えるとともに、箱庭作品についてクライエントが何を語っても問題はないことなどを伝えます。**

第一回（X年一月某日）

クライエントは「インテークの時に日記を持ってくるように言われたので持ってきました。抑うつ気分が激しいですが、昼間は極力起きて子どもたちの面倒を看るようにしております」と述べ、以下の日記が報告されました。

日記（X年一月某日）
天気：晴れ

起床：八時三〇分
午前：重い身体を引きずりながらT神社、K寺に参拝。子どもたちの凧揚げに付き合う。
午後：少し寝てから子どもの相手をする。おせち料理をだらだらと時間をかけて作る。怠い。
就寝：二三時
（本日の感想）
鬱の中で重い身体を引きずりながらも家族で散歩した。最後に夫と子どもたちとでお正月の集合写真を撮れたことが良かった。

クライエントは日記の報告の後で「私は物事が段取り通り運ばないと余裕がなくなります。完全主義者だと想います。もうこれ以上はどうにもなりません。不安に抗うために完全を求めているのかもしれません」と伝えた。セラピストは**半ば瞑想しながら**頷きました。瞑想箱庭療法では初回ということもあり、セラピストは瞑想に集中することができませんでした。

クライエントは「初めての体験ですので瞑想中はとても不安になりました。とりあえずテレビで見たことのあるヨーロッパ風の風景を置きました」と説明されました。城や家等が整然と並べられていました（写真1）。

第二回（X年一月某日）
クライエントは面接の最初に以下のような日記を報告されました。

日記1（X年一月某日）
天気：晴れ
起床：七時
午前：家事は夫に任せきり、自分はふせっていた。気分の落ち込みが激しい。
午後：少し寝た後で最低限の動きとして簡単な食事作りをした。ほとんど夫任せ。
（本日の感想）
ずっと心にひっかかっていた嫌な過去の思い出の詰まった書類を何とか片付けることができたことが良かった。

日記2（X年一月某日）
天気：晴れ
起床：七時
午前：風邪をひいた二人の子どもの看病を気力のないままに行う。意志の働きにも限界がある。

寝ていたい。

午後：少し寝てから、子どもを病院に連れていく。不安感と抑うつ感でとても辛いがそのまま行動した。

就寝：二二時
（本日の感想）

子どもたち二人同時の風邪はきついけど、意志の限界を感じつつ何とか行動できた。自分には「抑うつ感」の背後に「不安感」があると思う。もちろん漠然としているがその時の気づきの体験を重なることが大切。それでも不安でたまらない。


日記を報告した後でクライエントは「私の不安の内容はキャリアの事とか育児の事、姉の死に関する事などたくさんあります。けれども、そういうことを考える事でかえって不安感が強くなりますね。それから片付け仕事は最初の目標よりも四割程度しかできませんがしかたがありません」と語られました。セラピストは半ば瞑想しながら傾聴していましたが「**不安を考えたり不安のまま意志の力で行動するのでもなく、不安の中に漂う感じでしょうかね**」と伝えました。

今回の瞑想箱庭療法で、セラピストは深い瞑想に入ることができました。**瞑想中は滝の水が勢いよく流れていくイメージが浮かんできました。瞑想中に突然イメージが自然発生してきたことは、この事例では最初で最後でした。流れるイメージは心地よく今後の治療の可能性が見えてきたよう**

な安心感が出てきました。クライエントは「今回の瞑想では一気に深い所に落ちていった感じです。瞑想している時には身体がこの場所に溶けていくような感じになります。これは湧き水です。川の中にぼこぼこと湧き水が出てくるところです。ぼこぼこと気持ちが動いてくるから不思議です。この石は長い時間をかけて削られていくのでしょうね」と語り「湧き水」と題する箱庭を置きました（写真2－A、2－B）。

第三回（X年二月某日）
今回も以下のような日記が報告されました。

日記（X年二月某日）
天気：晴れ
起床：七時
午前：重い身体を引きずりながら、市の青少年科学教室に行き、ブラジルやアジアの子ども達に日本語と英語、そして簡単な科学の話をした。不思議とその時には鬱や不安感は少なくなっていた。不思議です。
午後：少し寝てから次女と遊ぶ。寝かしつけ。午後は再び憂うつで身体が重い。
（本日の感想）

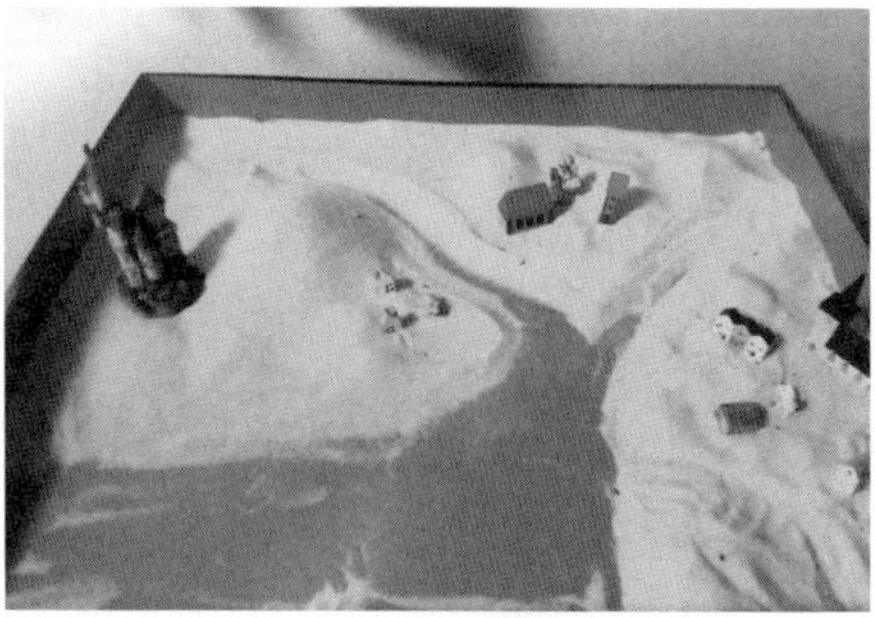

写真１　ヨーロッパ風の風景

写真２－Ａ　湧き水

写真２－Ｂ　湧き水（拡大）

夫が二週間仕事のためにアメリカに滞在している。それでも夫のいない生活のリズムを受け入れながら落ちついている。

日記の報告の後のクライエントは「実母、義母、先生方とのコミュニケーションが自然な感じになってきました。**いろいろ判断するのではなく、感じる方向に自然に合わせられるには多少はなってきています。**それから確かに不安とは異なる新しい感情がふつふつ出てくることがあります。けれども不安の方がはるかに強いです」と語られました。セラピストは半ば瞑想しながら傾聴していました。

瞑想箱庭療法ではセラピストは今回も深い瞑想に入ることができました。クライエントは「今回も瞑想中も不安感が出てきました。これは蟻地獄です。不安の渦でしょうか。いろいろな気持ち、特に不安感が激しく渦巻いているのが螺旋《らせん》状に症状は良くなるのでしょうか?」と語り、箱庭の中心に螺旋状の砂山を作られました(写真3)。

第四回(X年三月某日)

クライエントは以下のような日記を報告されました。

日記(X年三月某日)

天気：晴れ
起床：六時三〇分
午前：長女、次女と遊ぶ。身体が重い。本当に育児は辛い。
午後：少し寝てから三人で散歩した。
（本日の感想）
子供たちと一緒に動くと非常に疲れる。不安感と抑うつ感が一気に出てくるようだ。

日記の報告の後でクライエントは「数日前散歩中に突然息が苦しくなり、呼吸が苦しくなり、これまでにない激しい不安感に襲われました。そしてその場にしゃがみこんでしまいました。激しい不安感と抑うつ感とが両極端に出てきてしまい、これを整理しようとしたらますます混乱してしまいました。自分は何ら変わっていません。いつになったらこんな自分を受け入れられるのか……もう限界です」とうつむきがちに語られました。そしてしばらくの沈黙の後で自分自身に言い聞かせるように「こういうジレンマに陥ったらたとえば、**ジレンマのまま掃除をすれば良いですかね**。難しいです」と呟かれました。セラピストは半ば瞑想しながら傾聴しました。

瞑想箱庭療法ではセラピストは深い瞑想に入ることができました。箱庭を作り終えるとクライエントは「今回は瞑想どころではなく、瞑想中も、箱庭を置きながらも、過去への様々な雑念、怒り、虚無感などが不安感から生じてきて、先が見えず、**底をつきそうになりました**。箱庭も目について物を手当たり次第に置いたのですが、**意識しないで置いたこのアイテムの女性の目が気になります。完全主義と頑固さを象徴しているようでやりきれません**」と説明されました。箱庭には頑張っている女性の農婦のアイテムの外に電話機、ラジカセ、猫などが騒然と置かれていました（写真4－A、4－B）。

第五回（X年四月某日）

　クライエントは「前回の面接を境にして、数年間ほぼ毎日あった身体が重く、嫌な過去や暗い未来しか考えられない抑うつ感が少しずつなくなってきました。**何も考えない時間が増えてきました。**不安感も以前ほどではありません」と語られ、以下のような日記が報告されました。

日記（X年四月某日）
天気：晴れ
起床：七時
午前：片付け
午後：外食、買い物、次女と遊ぶ、自分なりの夕食づくり。
就寝：二三時
（本日の感想）

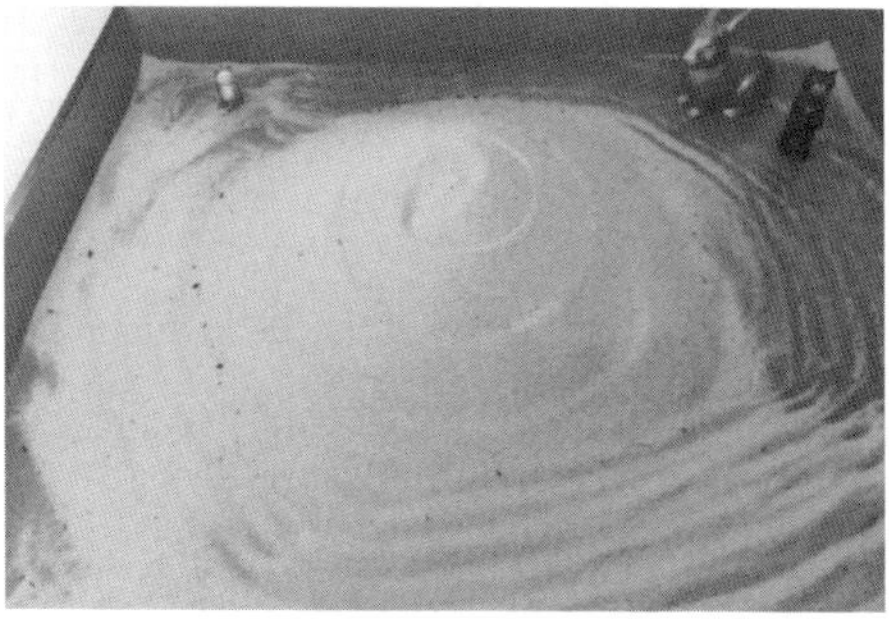

写真３　蟻地獄

写真４－Ａ　頑固な農婦

写真４－Ｂ　頑固な農婦（拡大）

朝はきつく、身体も重く考え方も非常にネガティブだったけど、**感じるままの方向で身体を動かし口を動かしている間は本当に元気になってきた。**

日記を報告した後でクライエントは「この間は夫ともお互いに思っている事を口に出して言い合えるようになった。夕食も豪華ではないが、親子で笑いながら食べたらご馳走だった。みな嬉しそうで、顔も食器も輝いて見えた。いいなあと思えた」と語られました。

瞑想箱庭療法ではセラピストは自分がどこにいるのか分からないほどの深い瞑想に入ることができました。クライエントもまた「今までで一番深く瞑想に入ることができました」と語られました。箱庭では木々の生い茂る独立した三つの島が川で繋がり、砂浜の後ろには後ろ向きのカエルが、そのカエルの前方にはビー玉の柵で守られたカエルが置かれました。

クライエントは「これは『開かれる』という題です。作った箱庭を見ていると、あたかも自分が箱庭の中にいるような感じになります。そしていろいろな物語が浮かんできます。不思議な感じですね。何かが見えてきた感じです。以前よりも強く。だから水がざーっと流れ出したイメージです。そこから緑も生えてきます。新しい木や花になります。ここでカエルの私は目を瞑っておりますが、いろいろな人の想い、環境に包まれています。そんな私を環境に溶け込んだ後ろ向きのカエルが見守ってくれています。このカエルが先生です。まだ充分には心は開ききれないけれど確かにここ一○日間で明らかに変わってきました」と語られました。セラピストは今回の箱庭の作品と初回の瞑

想中に自然発生的に心に浮かんできた『滝の水が勢いよく流れ出る』というイメージとの共通性に驚かされました（写真5－A、5－B）。また、この回でセラピストが「瞑想箱庭療法に入る前と後では面接室の雰囲気や窓の外の風景など感じ方が違ってきましたか」と質問すると「窓の外の公園の風景や部屋の花びんの花が、とてもあざやかに見えます」と語られました。

後期：症状の回復期

第六回（X年四月某日）

クライエントは今回も以下の日記を報告されました。

日記（X年四月某日）
天気：曇り
起床：七時
午前：洗濯、片付け、食器洗い
午後：長女を保育園にお迎え。買い物。子供たちと遊ぶ。
就寝：二三時
（本日の感想）

日常生活で身体がよく動けるようになったことが不思議だ。

そしてクライエントは「『元に戻ろうとしていないことが本当に良く分かる』と夫から言われた言葉が強く残っています。元に戻ろうとしていない。もちろん以前どおりの私のままですけれども確実に何かが変わろうとしています」に対してセラピストは「そのままです。そのままだと思います」と直観的に反応しました。

瞑想箱庭療法ではセラピストは今回も深い瞑想に入ることができました。クライエントは「**これは『私と世界と自由』という題名です。前回ざーっと水が流れ出したところから、水は流れていくもの。そこから町や空間や森などいろいろな世界が生まれてくる。それから、箱庭を縦に見ると本当に綺麗です。窓の外の世界と繋がっている気がします**」と語られました。このとき、箱庭を見たセラピストは今回も第五回の箱庭同様に、第一回目のセラピストのイメージとの共通性に驚かされました。そして箱庭を眺めていたセラピストも新緑まぢかな窓の外の光景へと面接室が広がっていく感じがしました（写真6）。

第七回（X年五月某日）

クライエントは「最近は抑うつ気分はほとんど出てきません。昼間横にならないでも生活できるようになりました。それから、夜中に目がさめて、寝つきが悪ったり、変な夢や妄想に執われて不

写真５－Ａ　開かれる

写真５－Ｂ　開かれる（拡大）

写真６　私と世界と自由

安になったら、不安の中に漂ってみると自然に安心できて再び眠れるようになります。こういう事が身についてきました。それから、これまでの私は夫にも八割から一〇割求めてしまうところがありました。それが無言で相手に伝わり過敏にさせてしまう。家族のこと、子どものこと、夫の性格や行動に関する本音の部分、そういう事は必要最低限伝えれば良いのだと思えるようになりました。難しいけれども……」と語られました。そして以下の日記が報告されました。

日記（X年五月某日）
天気：晴れ
起床：六時三〇分
午前：家族で。
午後：夕食、入浴、寝かしつけ
（本日の感想）
最近窓から見える緑がこれほどにも綺麗なものかと感じられるようになった。今日のドライブでも湖畔の木々が本当に綺麗だった。

以上に対してセラピストは「**外界の自然に感覚が開かれてきたことが**素晴らしいですね」と支持しました。瞑想箱庭療法ではセラピストは今回も自分がどこにいるのか分からないほどの深い瞑想に入ることができました。

箱庭では四隅に**木々が置かれ中心近くも円形に木々が囲まれ曼荼羅が作られました**。仏像の置かれた領域と周辺の陸地にいるカエルとが赤い橋で繋がっていました。クライエントは「今回は『見えてくる』という題名が浮かんできました。以前よりもはっきりと大切なものが見えてきた感覚をここで感じました。もっと掘り下げてみようというエネルギーも出てきました。ともあれ仏像を置きたくなりました。右のカエルが私です」と説明されました（写真7－A、7－B）。

第八回（X年五月某日）

クライエントは「抑うつ感がほとんど出ていません。昼間はほとんど寝ないで過ごせています。それから長女の私に対する発言や反応が良くなっています。私の長女に対する発言や対応が良くなってきたからかもしれません。後は夫と子どもへの対応についてや、姉の事などをいろいろと話していたら、自分が予期できなかった姉の死について深く傷ついている事などに気がつきました」と語られました。セラピストは半ば瞑想しながら、ただ頷くのみでした。以下の日記が報告されました。

日記（X年五月某日）
天気：曇り

午前：長女とお隣のけんちゃんと遊ぶ。
午後：お昼の食事づくり。寝かしつけ。
（本日の感想）
曇りの中でも木々の新緑が深く感じられ、緑の中に溶け込むことができた。まるで瞑想箱庭療法での体験のようであった。多少は突然不安に襲われることがあっても、不安感を取り除こうするのではなく、不安の中に漂い身体が自然に動く方向で家事などをしていくと、不安をそのままにしておける。「そのままにしておけている」自分に気がつきました。感じる方向で動くことが大切ですね。

日記に対してセラピストは「順調ですね」と応えました。瞑想箱庭療法では今回も前回同様に自分がどこにいるのか分からないほどの深い瞑想に入ることができました。クライエントは箱庭の中心に様々な花を置かれました。そして「これは私の『生の欲望』でしょうか。傷ついたところはぶ厚くなっています。それは消えることはありませんが、腫《は》れは少しづつ収まりに近づくのかもしれません。どうなるかはわかりませんがそれで良いと思います」と語られました（写真8）。

第九回（X年六月某日）
クライエントは以下の日記を報告されました。

写真７－Ａ　見えてくる

写真７－Ｂ　見えてくる（拡大）

写真８　私の生の欲望

日記（X年六月某日）
天気：曇り
起床：六時
午前：長女、次女を保育園からお迎え。
午後：長女、次女と遊ぶ。入浴。寝かしつけ。
（本日の感想）
本日も不安がでてきても大丈夫です。

その後「最近気づいたことを報告します」と次のように語られました。
「人も景色も言葉もその時、その時で印象や受け止め方が違います。でも大切な事は変わっていくという事ですね。行きつ戻りつしながら変化しているという事実を体現、体感していくことですね。自宅の和室から見える木々の景色がものすごく綺麗に見えたり、ママ友のOちゃんママの第一印象と今日の付き合い方が全然違って見えたり、あんなにも辛い子育ての中で家族が愛おしく見えたり不思議議です。そして不安が強まると一時的に混乱したり、不安をそのままにしておくと、全く不安が存在しないように思えたり、そういう自分の全体が不思議に思えて仕方ありません。さらに仕事での人の付き合い方が煩わしかったり、ありがたく感じられたり……それでも全体的な流れの

中で良い方向に変化していくという事が本当に不思議です。さらにまた変化していきます。だからこそ大丈夫だと自然に思える。意識的に半分、無意識的に半分、それで充分ということでしょうか。私の意図でなく自然にそうなっていくのですから本当に瞑想箱庭療法はすごいと思います。」

瞑想箱庭療法では、セラピストはこれまでと同様に、自分がどこにいるのか、何をしているのか分からないほどの深い瞑想に入れました。クライエントは箱庭中央に丸い山を作り「今回は印象に残るアイテムがないと思っていたら、自然に球体が心の中に浮かんできたので置きました。おいてから眺めてみると『こころ』はどんなことがあっても変わっていけるのだと納得することができました」と説明されました（写真9）。

なお、この間にクライエントは化学関係の会社の派遣社員として社会復帰されました。

第一〇回・最終回（X年七月某日）

クライエントは「ケミカル関係の会社に派遣社員として復帰できました。パートで週三日の勤務です。最初は午前だけの勤務ですみそうです。本当にこれまでありがとうございます」と言われ、以下の日記を報告されました。

日記（X年七月某日）

天気：晴れ
午前：仕事（会社）
午後：義母に面倒を見ていただいていた子どもたちのお迎え。夕食づくり。
（本日の感想）
仕事はプロとしてのノウハウや実力がはじめから求められることが多くて驚きましたが、そういうことは当たり前の事だと思った。

クライエントは「仕事の内容について、大学院で学んだ内容を思い出して少しずつ勉強していきたいのですが、もうすでに仕事が始まっていることに気がつきました。何とか自分の殻を破り職員の皆様とコミュニケーションをはかっています」と語られました。

瞑想箱庭療法では、これまでと同様にセラピストは深い瞑想に入ることができました。クライエントは「箱庭の棚にあるアイテムを眺めても何を置こうか全く考えられませんでした。そうしたら、箱庭の前で自然に手が動き出しました。ささやかで確かな物、シンプルで美しい物、これまでの流れをまとめてみました。箱庭の女性のアイテムを眺めていると様々な気持ちが浮かんできます。不思議です。自分とアイテムの女性とが一つになり、**自分がたった独りでここにいるようです**」と言って目に涙を浮かべられました。箱庭には前回のように山が作られ、山の上には育ちつつある若木とそれをじっと見つめる女性が置かれました（写真10－A、10－B）。

写真９　こころ

写真10－Ａ　若木を見つめる女性

写真10－Ｂ　若木を見つめる女性（拡大）

クライエントの症状軽減に伴い、双方の話会いで今回をもって心理療法を一応の終結としました。

【瞑想箱庭療法の実践方法】

（インテーク面接での留意点）

まず、事例のインテーク面接に注目してください。この療法を心理士等が行う場合には特に、インテーク時において瞑想箱庭療法と従来のカウンセリング等の違いを明確に説明する必要があります。これを怠ると、クライエントはセラピストに対して「自分の悩み」をひたすら聴いてくれて、「何でも受け入れてくれる」印象を持たせてしまいます。「対他的関係性」の療法ではなくて「対自的な関係性」の方法であることを明確にする必要があります。

なお、瞑想中のセラピストの態度ですが、クライエントからのエピソード等は、半ば瞑想しながら聞きながしていくことが望まれます。そのことで、クライエントの内面に侵入することを防げます。

（「環融空間」を成立させること）

「環融空間」という「場」を成立させることが瞑想箱庭療法の土台になります。

「環融空間」は事例では第二回目の面接に始まっています。それは第二回目でセラピストが深い瞑想に入ることができるとともにクライエントも「一気に深い所に落ちた感じです。身体がこの場に溶けていく感じがします」に窺うことができます。ここから、双方の環融体験が深まり「環融空間」が成立しつつあることが窺われます。この事から理解できる点はセラピストとクライエントの瞑想の深まりが「場」を整えるためには必須であることです。「環融空間」が成立するためには、セラピストとクライエントの瞑想の深まりは不可欠な条件でもあります。

そこで、毎回、瞑想箱庭療法の後で、セラピストはクライエントに「今回リラックスして瞑想にはいれましたか」程度の質問をされてもよいでしょう。もし「うまく瞑想に入れません」と応えられたら、「雑念が生じても呼吸に注意を向けていけば、雑念が流れる」などと助言されてもかまわないと思います。また、その際に前提になることはセラピスト自身が深い瞑想に入れているかということです。理由はセラピストの深い瞑想にクライエントが共鳴してクライエント自身も瞑想に入れるようになるからです。

最後に、五回目にもあるように「瞑想箱庭療法に入る前と後では面接室の雰囲気や窓の外の風景などの感じ方が違ってきましたか?」と質問することも大切です。環融空間が成立していると明らかに異なってくるからです。その質問の後のクライエントが「窓の外の公園の風景や部屋の花瓶の花がとても鮮やかに見えます」という返事にそれを窺うことができます。

(「布置の体験」について把握できること)

次に「布置の体験」について意識的に把握できるようになることが大切です。「布置の体験」の成立は第二回目のセラピストの瞑想中に「滝の水が勢いよく流れていくイメージ」とクライエントの五回目の箱庭での「水がざーっと流れ出したイメージ」にシンクロしていることに推測することができます。「布置の体験」は今回のようにセラピストとクライエントに同時に成立せずに、セラピストの心の自然発生したイメージが後日のクライエントの置く箱庭に表現される場合が多々あります。このような現象は「布置の先取り」と呼ばれております。

ところで瞑想箱庭療法における瞑想は「忘我」の瞑想であり、セラピストやクライエントの心に発生したイメージなども流していくことが重要です。それにもかかわらずに、セラピストやクライエントに自然発生したイメージは、明確に記憶に残ります。理由はイメージの力が非常に強いものであり、無意識の深層から湧き出てくるものであるからです。また、自然発生するとは、突然に立ち顕われてくるもので、雑念やセラピストの過去の記憶とは異なるものです。雑念と自然発生するイメージとの違いを体験的に理解していきましょう。

(「サトルボディの体験」について把握できること)

サトルボディの体験は今回の事例では第五回目の面接での箱庭表現とそこでのクライエント側のエピソードに窺うことが可能です。たとえば五回目の「開かれる」と題された箱庭制作の後でクライエントは「あたかも自分が箱庭の世界にいるような感じ」と述べています。これは、クライエントが自らの身体を忘れ、箱庭の世界と完全に一体になったことが推測されます。さらに、「ここでのカエルの私は目を瞑っていますが、いろいろの人の想い、環境に包まれています。ここでカエルの私は目を瞑っておりますが、いろんな人の想い、環境に包まれています。そんな私を環境に溶けこんだ後ろ向きのカエルが見守ってくれています。このカエルが先生です」からも窺えます。この場合、クライエントが自分をカエルに喩えているのではなく、そこでの箱庭制作の瞬間に、クライエント自身の身体が箱庭の中のカエルであるかのような体験が成立しています。それは、クライエントの主観と箱庭表現としての客観がひとつになっていることです。このような「サトルボディの体験」を把握できるようになるためには、セラピスト自身も環融体験を通して「場」と一体化していなければなりません。それはセラピスト自身もクライエントの箱庭表現を見たり、クライエントの説明を聞くことでサトルボディに近い体験ができるようになることです。そのためには、セラピスト自身がイメージをめぐる想像力に開かれていく必要性があります。

（「象徴体験」を把握できること）

事例における「象徴体験」は第七回目「見えてくる」に窺うことができます。ここでは、中心の仏像とそれを囲む円とさらに全体を囲む四隅が整えられ、曼荼羅が表現されております。曼荼羅は「中心」や「壇」を意味します。チベット仏教や世界各地の宗教的なイメージに登場し、「悟り」や「救済」を意味するものとされます。先述したようにユング心理学では、曼荼羅が顕われる時にクライエントの自然治癒力が賦活すると説明されています。筆者は、クライエントの自然治癒力が賦活する体験は曼荼羅が表出される時のみではなく、クライエント自身の無意識下の情動がクライエントの未来への可能性の方向に動かされる全てのイメージ体験に存在すると考えます。そういう意味では二回目の「湧き水」にしろ五回目の「開かれる」にしろ、八回目の「私の生の欲望」においても、九回目の「こころ」でも、最終回の「若木を見つめる女性」でもほとんどの箱庭表現が今回の事例ではクライエントの「象徴体験」になっているように思われます。このような体験の流れの中でクライエントは個人の象徴体験を心の奥にまで基礎づけることが可能になっていったのでしょう。そのことが自然治癒力の賦活につながり、「執われ」を離れた「あるがまま」の心を取り戻していかれたのでしょう。

クライエントの「象徴体験」を知る上で大切な事は、曼荼羅や宗教的表現のみに関心を奪われず、クライエントの「体験の深さ」をクライエントのエピソードを通して、あるいは箱庭を見るセラピスト自身の情動体験から体験的に了解することです。同時に箱庭表現の流れを常にセラピスト自身も注意を向けていくことです。それは客観的に観察し分析することではなく、主客の対立を超えた経験（純粋経験）として体験することでもあります。

（「日記」を想像力を用いて理解すること）

日記は瞑想箱庭療法での体験（クライエントとセラピストの体験）とクライエントの日常生活を繋ぐ重要な役割を果たします。クライエントの日常生活での変化を日記を通して理解するためには内容に関する面接場面でのクライエントのエピソードのみならず、前後の回での瞑想箱庭療法において、クライエントやセラピストが「いかなる体験をしたのか」に心を開くことを大切にしてください。

瞑想箱庭療法での体験はクライエントの日々の生活に様々な変化に繋がります。その「変化」を日記からセラピストが想像力を働かせて体験的に理解することは瞑想箱庭療法を実践する上での大きな力になります。

たとえば、二回目の箱庭で「湧き水」を置きますが、クライエントは三回目の日記で「鬱や不安感が少なくなっていた」と報告した後に、「いろいろ判断するのではなく、感じる方向に自然に合わせられるように多少なっています」と述べています。ここで大切なことは前回の箱庭の表現と今回の日記に関するクライエントのエピソードの関連性をセラピストが想像できるようになることです。前回の「湧き水」はクライエントの無意識的な動きと関係があり、それは日記にある「感じる方向に自然に合わせられる」ともつながると連想を広げることでもあります。ところが、四回目の面接での日記には「不安感と抑うつ感が一気に出てくるようだ」と症状が悪化したことが報告されます。また、日記に関するエピソードでは「呼吸が苦しくなり、これまでにない激しい不安感と抑うつ感に襲われその場にしゃがみ込んでしまいました」と語られました。以上のような報告はセラピストを混乱させ不安感を抱かせるものであります。このようなセラピスト側の不安感を払拭するためにセラピストの多くが、精神病理の知識を用いて自分を納得させ防衛することが多々あります。

たとえば、「神経症が好転して行く時には、一時的に患者は底をつく体験をする」等の理論で自身を納得させることです。ここでも大切なことは、このような理論でセラピスト自身を納得させないで、二回目のセラピストの瞑想体験におけるイメージの滝の水が流れるとともにクライエントが好転し、そのイメージにセラピスト自身が安心感をもつことができた体験に想像力を働かせることです（ただしセラピストは同時に自らの不安感に素直であることも必要です）。ここでの想像力とは、イメージが自然発生してくることです。そのようなイメージの自然発生は環融空間の中であるが故に可能になるとも考えられます。五回目の日記には「感じるままの方向で身体を動かし口を動かしている間は本当に元気になってきた」と報告され、症状が再び少しずつ回復してきたことが告げられます。そしてここでの箱庭「開かれる」には、水がざーっと流れ出すイメージが説明され、ここでの箱庭を境にしてクライエントの症状は好転していきます。

もちろんこの事例のように自身のイメージを想像力を働かせて語ることが得意なクライエントばかりではありません。そのようなクライエントでも瞑想や遊びを通した上での、日記での簡単な五感の変化の報告するだけでも、観念になる以前の無意識下のイメージは機能して症状の自然治癒に向かうことは確かにあるようです。これまで述べてきたことを整理すると、セラピストの日記へのかかわり方では内容を知的・理論的に理解することではないこと――前後の箱庭表現をも含めたイメージでの把握《はあく》を大切にすることに尽きるでしょう。

（日記をとおしてクライエントの環融体験を理解する）

次に日記を通してクライエントの日常生活における「環融空間」を理解することが大切です。理由は面接室での環融体験が日常生活においても成りたちつつあることを知ることができるからです。事例では第八回目の日記での「曇りの中でも木々の新緑が深く感じられ、緑の中に溶け込むことができた。まるで瞑想箱庭療法での体験のようであった」に窺うことができます。このような日常生活で身体感覚が開かれる体験をしているときには、そこでのクライントの環融体験を通して環融空間が成立していると考えられます。もちろんセラピスト側も日記を書いてもらうことに際して、ある程度意図的に「日常での五感が開かれる体験、特に気がついたら五感が開かれていた体験を大切にしましょう」と指示を加えても良いでしょう。

（日記に書かれたクライエントの気づき――俯瞰の体験を掴むこと）

日常生活におけるクライエントの気づきの内容に注目することは日記を理解する上で重要なことです。たとえば、第六回の「日常生活で身体がよく動けるようになったことが不思議だ」などにそれが見られます。ここでは、意志的な努力でそうなることよりもクライエントが気がついたらそうなっていたことに注目してください。自分を俯瞰できている体験になっているからです。また、九回目の報告では「人も景色も言葉もその時、その時で印象や受け止め方が違います。でも大切な事は変わっていくということですね。行きつ戻りつしながら変化しているという事実を体現、体感していくことですね。自宅の和室から見える木々の景色がものすごく綺麗に見えたり、ママ友のOちゃんのママの第一印象と今日の付き合い方が全然違って見えたり、あんなにも辛い子育ての中で家族が愛おしく見えたり不思議です。……そういう自分の全体が不思議に思えて仕方ありません。……それでも全体的な流れの中で良い方向に変化していくということが本当に不思議です。……だからこそ大丈夫だと自然に思える。意識的に半分、無意識的に半分、それで充分ということでしょうか」とあります。ここでの日記は、日常生活全般にわたって自分を俯瞰できるようになってきた好例です。ここではクライエントは自分や外界の出来事を固定したものとしてとらえず、「流れ」の中で見つめることができるようになっています。なおそのような「気づき」は、クライエントが日々の生活に埋没して流されることではなく、そんな自分をさらに自覚できているということです。これは「意識的に半分」「無意識的に半分」に窺うことができます。先述した（二九頁）「自（みずか）ら」と「自（おのずか）ら」が同時に確立することが「絶対他力」であることをそのまま体験しているものと考えられます。そしてそのような体験は意識的努力で達成できるものではないので「不思議」としか表現できないものなのでしょう。「気がついたらそうなっていた」という無意識（アンコンシャス）的体験であるためです。

以上述べてきましたように、日記におけるクライエントの気づきの体験をセラピストが知る上で大切なことは、セラピストの直観力と想像力とにほかなりません。そこでセラピストが直観力を身につけるためには、セラピスト自身の不合理機能である感覚、直観の機能を日常生活の中で働かせることができるようにならなければなりません。そのためには、セラピスト自身が日々の生活の中で環融体験を行ったり、箱庭制作を実践し、自身の気づきを日記に記載することもすすめられます。

（大住誠）

第四章　瞑想箱庭療法の思想的源泉を東洋思想に尋ねる

これまでの章では「積極的に治そうとしない療法」としての瞑想箱庭療法について、深層心理学や森田療法の理論などを参考にして説明してきました。ただしその際に「他力」とか「自然」さらに「無為・無心」等の私たちにとって馴染みのある東洋思想の用語も用いました。何ゆえにこうした東洋思想の用語を用いたかは単純な理由からです。筆者自身が長年の心理臨床の体験を続けてきたら、それと意識することもなく筆者の心理療法の理論や方法が東洋思想、特に東アジアの文化圏の思想（ただし類似の古代思想は世界各地に存在しています。東アジア圏が特別であるという理由はありません）に溶け込んでいったためです。それは筆者が無意識的に依存していた文化的伝統を体験的に再発見できたことでもありました。そのことはまた、ようやく欧米の近代個人主義的文化の昇華ともいえる臨床心理学（心理療法）の人間観が筆者の身についてきたことの証しであると考えています。以上が理由ですが、そうとはいえ二〇世紀の欧米の文化の文脈で登場した臨床心理学や心理療法に接ぎ木していきなり古代や中世の思想で解釈、説明することは無茶な話です。これらの思想を臨床心理学的に取り扱うのならば、臨床心理学を補強する「臨床の知」としてのみ言及すべきものと考えます。このような視点こそがポストモダンにふさわしい扱い方でしょう。たとえば、第二章でのユングの「雨乞い師」の寓話に対する象徴的な解釈などが良い例だと思われます。

なお、ここでの東アジア文化圏の思想とは特に「道家」とその影響を受けて成立したと言われる中世日本の親鸞の浄土仏教を指します。何故に「道家」や「親鸞」でなければならないのかは、これらの「思想」からは「自然論」が濃厚に窺えるためです。「自然論」とは「自然と人間（自己）との関係を問う」ことであり、それが「自己自身」の「本来の在り方」の論及につながり、さらには、そこから逸脱すること（これが様々な神経症等の症状です）への援助を行う心理療法の治療目標や技法の在り方にも関係するためです。

ここでの（東アジア文化圏の）「自然論」の特徴は、外界の自然と人間の心身とを分離してとらえることではなく、外界の自然も人間の心身も同じものであり、かつ流動的で本質・実体を持たないものとして考える点にあります。それは「自然モデル」・「他力モデル」の源流になる考え方であります。

ここでは道家で語られる「自然」とそれの日本での展開としての親鸞の「自然法爾《じねんほうに》」・「他力」について、瞑想箱庭療法の理論や技法との関連性などについて言及いたします。

（1）「道家」の自然論について

最初に本書で頻繁に取り上げられる「自然」とは何を意味するのでしょうか？　ただ単に人間に対する自然現象を意味するものではないようです。なお、自然という語は中国語に由来するものですが、この語が文献に現れるのは「道家」が最初と言われています。そこでは「オノズカラシカラシム」すなわち、本来的にそうであること、もしくは人間的な作為（人為）が加えられていない「あるがまま」の在り方を意味します。そういう意味では人間の世界に対立する自然界をそのまま意味するものではありません。

ところで、「道家」の「自然」に関する論は「道」という概念は切り離せないものです。「道家」の「自然論」は老子《ろうし》（前四世紀の中国の思想家、実在したかは疑問視されている）に始まります。老子は以下のように述べています。

「一切万物を生成化育する天地大自然の存在は、まことに悠久永遠である。天地大自然はなぜ永遠かつ悠久であり得るのか、それは己が生成者でなどと意識せず無欲無心であるから、永遠の悠久者たりえるのである。」（『老子道徳経』第七章、福永光司訳）

そして「道」については、

「道だという言葉によってと規定するような道は、恒常不変の真の道ではなく、これが真理の言葉だと決めつけるような言葉は、絶対的な真理のことばでない。」（『老子道徳経』第一章、福永光司訳）

と述べています。

ここで老子が取り上げた「自然」とは万物を生み出す源であり、そこには特別な目的は存在せず、無欲無心であり、ただ生育者としての働きのみが存在するとされています。読んで字のごとく「オノズカラシカラシム」そのものと言えるでしょう。さらにこのような自然が内在させている生成の働き（オノズカラシカラシム働き）を「道」とよびました。上述では「道」について我々はそれを言語を用いて概念化することはできないものと述べています。

老子は『道』は、無心無欲であるといい、このことは「永遠の〈道〉は〈無為〉の原理に従って働く」（『老子道徳経』第三七章、井筒俊彦訳）からもうかがうことができます。

以上のような老子の「自然」「道」に対する見解は後に「無為自然」とよばれるようになりました。

老子の後に登場した荘子（前四世紀の中国の思想家）は「無為自然」についての言及をさらに深めました。たとえば「そなたがただ無為の境地に身を置きさえすれば、万物は自ずと育まれてゆくであろう。そなたの肉体を脱却して、そなたの感覚を捨て、我が身と他人との区別を忘却して、大きな混沌と一つになることだ。心の働きを解き放ち、ひっそりと魂を閉ざせば、万物は勢い盛んに、それぞれの根源に回帰するであろう。」（『荘子』外篇、福永光司、興膳宏訳）

ここでは人為を捨てることで本来の「無為」に到ることが述べられていますが、それは「肉体」「我が身と他人との区別」を忘却することであるとされます。

そして「無為」とはこれまでの道・自然の働きを意味することに対して人間側の認識のあり方も意味するものと考えられています。これらについては後述します。

なお荘子は老子の「無為」についての直感的考察もさらに深め、以下のように整理しました。

「〈天〉は〈無為〉の原理に基づいて働いている。そのために、それは澄んでいる。〈地〉は〈無為〉の原理に基づいて働いている。そのために、それは静かである。〈無為〉のこれら二つの形態の合一を通して、万物は生まれ、自然のやり方が成長していく。実際、認識することができず曖昧なのだが、これ〈自然〉の過程である。……ところがこの目に見えない不明瞭な〈無為〉の中から見れば、万物は限りなく生み出され続けている。こういうわけで、次のように言われる〈天地〉は無為の原理に従って働くが、それがあらゆることを行う。」（『荘子』外編、井筒俊彦訳）

「道」の創造的な働きは自然それ自体の活動です。そういう意味では「道」は内在的な働きでもあります。事物は自然の成り行きに従いますが、事物を生み出し成長させる自然の力はたとえ成り行きに従っても、何ら強制されたり束縛されたりするものではありません。それはまた事物を成長させる活力でもありますが、その活力も事物の存在から湧き出てくるものです。我が国の大正時代の哲学者、前田利鎌（一八八八〜一九三一）は（道について）「自生自滅していく変化乃至は作用だけが真実で、変化の実体─形などどこにもない」とも説明しています。

ここに普遍的な「無為」の秘密があるとされます。簡単に言えば大自然は「自己増殖」する働きであり、この働きが「道」であり、「道」は「無為」としてあらわれることです。当然自然の一部である私たちの心身の働きも本来は「無為」であり、精神の働きも「無為」であることが荘子の論から明らかになります。それ故に筆者は本来は「無為」であるべき「精神」の働きに対して「無為」が欠落するときに諸々の障害がおこるということにも繋がるものと考えます。

(2) 万物斉同について

次に荘子はこの「無為」の存在論、認識論とよべる「万物斉同《ばんぶつせいどう》」の原理について述べております(万物斉同の原理について井筒は次のような説明を加えています)。

「天と地は一指である。万物は一馬である。」(『荘子』斉物論編、井筒俊彦訳)

「『事物』に事物性を与えるものは(それ自体は『事物』でないので)、それは『事物』から『境界』によって分離されることはない。しかしながら、『事物』の間には、互いに分離し合う『境界』が存在する。この事物の状況は『事物の間の区別』という表現によって言われている。しかし、それ自体境界をもたない〈道〉は、もし私たちがそれを『事物』のレベルで見るならば『境界』を持っているように現れる。そのことは『境界』によって、お互いに分離し合っている『事物』が(もし私たちがそれらを〈絶対的な道〉という視点から見るならば)『境界』をもたないように現れるのと同じことである。」(『荘子』外篇、知北遊篇、井筒俊彦訳)

「万物は一指であり一馬である」ということは、井筒の言うように全ての存在も一本の指、一頭の馬と同じであるということです。これは価値において同じという事のみではありません。それは〈道〉はそれ自体境界を持たないものであり、〈道〉の立場に立てば万物は互いに融合、浸透しあい、区別がなくなるためです。以上のように万物の境界がなくなり、互いに融合浸透しあっている〈道〉の状態を荘子は「万物斉同」と名付けたものと考えられます。それは「無為」を通して認識されるものです。「無為」を通して〈道〉に還ると「万物」は「斉同」であるという認識を得ることができますが、日常の私達の自我による認識では、それぞれの事物に境界（主観と客観が分かれている）が存在することは明白です。それでは「万物斉同」とはどういう体験を言わんとしているのでしょうか？　まず、万物が溶け合い浸透しあい一つという世界は私達の日常生活上の通常の意識においては認識しようもないことはあきらかです。むしろ常時そのような認識にあるのならば、日常生活は成り立たないどころか、病理的な状態に近いと考えられます。そこで、ここでの〈道〉及び「万物斉同」の体験は日常生活での平常の意識を離れた体験において初めて明らかになると考えて良いと思います。筆者はそれを深層意識下の体験であると考えます。それは筆者の「瞑想箱庭療法」における「環融体験」・「環融空間」に近い体験であるといえます。

次は多くの人々に馴染みの荘子の「胡蝶《こちょう》の夢」の一説です。

「いつか、荘周は夢の中になっていた。ひらひらと舞う蝶の身に、気持ちよく満足しきって、自分が荘周であることも忘れていた。やがてふと目が覚めれば、まぎれもない荘周である。はて、これは荘周が夢で蝶になっていたのか。それとも蝶が夢で荘周になっていたのか。荘周と蝶には、きっと区別があるはずだ。これこそ「物化《ぶっか》」（万物の変化）というものなのだ。」（『荘子』斉物論篇、福永光司訳）

「道」の状態における万物斉道を述べたものですが、荘周と蝶が入れ替わるような物化の体験は環融体験であり環融空間におけるサトルボディの体験や「布置」の体験とも類似したものと受け取れます。——たとえば箱庭療法でアイテムが生命を持ってあたかも自分自身であるかのようにいるように感じられる事などに窺えます。

（3）忘我の瞑想としての坐忘について

瞑想箱庭療法についてこれまで述べたことを裏付けるように、荘子も〈道〉を体験的に理解する方法として「瞑想」について言及しています。

荘子は自ら始めた瞑想を「心の斎戒」とか「真斉」という語で語っておりますが、その後「坐忘」と名付けられるようになりました。

ここでの瞑想の形態は「忘我の瞑想」とも言えるものです。忘我の瞑想の状態について「荘子」は、以下のように述べています。文中の南郭子綦《なんがくしき》とは街の外れに住む隠者（世捨て人）の名で荘子自身のことであるとも言えます。顔成子游《がんせいしゆう》とはその弟子です。

南郭子綦は机にもたれて座り、天を仰いで深く息をついた。その虚《うつ》ろなさまはまるでわが肉体さえも失ったかのようだった。顔成子游は立って前にひかえていたが、たずねていった。「いかがなさいました。身体を枯れ木同然にしたり、心を冷たい灰みたいにすることが、本当にできるのでしょうか。いま机にもたれておられるお姿は以前のお姿とはまるで別人のようでした。」

子綦は応えた。

「偃よ、いいねえ、いまの質問は。いま私は自分自身を忘れていたが、おまえにはそれが分かったのかね。……」（『荘子』内篇、福永光司、興善宏訳、傍線は筆者）

文中の「虚ろなさま」とは「心を虚」の状態にする事で、「無為」になることを意味します。「忘我の瞑想」について他の箇所ではさらに詳しく方法論や理論が語られています。

「まず第一に、あなたは自分の心の動きを統合しなければならない。あなたの耳で聞くのではなく、（このように統合して集中した）心で聞くようにせよ。（それから、さらに進んで）心で聞くのを止めよ。純粋な魂（気）で聞くようにせよ。耳（あるいは、より一般的には、感覚認識）は、聞くことに制限される（すなわち、それぞれの感覚はただ特定の種類の身体的な質のみを把握する）。それに反して、純粋な魂はそれ自体、「虚」であり、事物（の普遍的な変化）に従って、限りなく変化し続ける。……心をこのように「虚」にすることが、『心の浄化』によって私が意味することである。」（『荘子』内篇、井筒俊彦訳）

ここでは、瞑想の内容が、日常の感覚にふりまわされないように目を閉じていったん感覚の働きをいったん棚上げして、「心で聞く」こととあります。「心で聞く」とは、心の深層に降り立つことを意味することと推測されます。しかし、ここでは、そのことにとどまらずに「心で聞くのをやめよ。純粋な魂（気）で聞くようにせよ」と述べています。「心で聞くことをやめよ」とは「瞑想していることすら忘れよ」の意味に筆者は解します。理由は「純粋な魂それ自体、『虚』であり、事物の（普遍的な変化）に従って限りなく変化し続ける」からです。また、ここでの魂（気）とは何か？　ここでも筆者は「気としての身体」・「サトルボディとしての身体」を連想せざるをえません。それはここでのサトルボディとしての身体は心の深層レベルでの身体感覚の変化を意味します。それは「場」に環融している状態であると推測できます。

そして他の箇所では次のように述べています。

「あの、虚ろな部屋を見てごらん、空虚な中に澄みきった光が射しているであろう。あのひっそりした境地に人の世の幸福は集まってくるのだ。」（『荘子』人間世篇、福永光司訳）

筆者はこの「虚ろな部屋」とは「虚」の状態にある「気」としての身体感覚そのものでもあり、サトルボディとしての身体を意味しますが、そのような身体感覚にある「場」はまさしく「人の世の幸福が集まってくるような静謐な空間そのもの」になっているとも推測できます。以上からも瞑想箱庭療法における「環融体験」「環融空間」の体験が道家の説に極めて近いものであることに驚かざるをえません。

（4）「照明」と「自覚」について

ところで、荘子はこの忘我の瞑想＝坐忘を一定の期間集中的に行うことを勧めます。「彼が自分自身の外側へ世界を置いた後、私は続けて彼に教えた。そして七日が経って、彼は自分自身の外側へ「物」を置く方法を学んだ。」「彼が自分自身の外側へ世界を置いた後、私はさらに彼に教え続けた。そして、九日が経って、彼は自分自身の外側へ「物」を置く方法を学んだ。」（『荘子』内篇、井筒俊彦訳）

坐忘を数日間集中的に行うことで「自分自身の外側に生を置く」ことが可能となると言われます。「自分自身を外に置く」とは「自分の存在を忘れる」ことであり、我々の自我意識への執われがなくなることであると考えられます。

次に、何故にこうした修行的な方法が勧められたのでしょうか。おそらく瞑想を継続することで「万物斉同」の境地と同時に、「ある種の目覚め」・「認識」が瞑想者に訪れることを期待したためと考えられます。以上の目覚めに関する叙述はすでに老子においてなされ、老子はそれを「照明」とよんでいます（井筒、一九六七）。荘子は「照明」の体験を以下のように述べています。

「彼が自分自身の外側へ「生」を置いた後、突然、最初の曙光が現れた。」（『荘子』内篇、井筒俊彦訳、傍線は筆者）

以上の宗教的回心にも近い「照明」の体験について、井筒氏は「照明」とは「完全なる人間になる」「真実の自己を知る」こととした上で、以下のように説明しています。

「自らの『己』を見ることは大変重要です。それは自らの己を直観することだけではありません。……それは『直観』と合一とがこの場合、全く『一』であるからです。――人間は存在全体に浸透する道を直接、自らの内に直観して、それと合一します。すべての事物は偉大な『道』のそれ自体の多くの異なる現象形態ですので、今や人間は限りなくさまざまな形で現れては消え、また再び現れる万物のそれぞれと完全に同一化します。さらに『道』はこの普遍的な変化の過程を貫いて、ずっと『一』ですので、『道』と合一した人間の心もまた『一』です」（井筒、一九六七、傍線は筆者）

大変抽象的で難解な説明ですが、筆者流に解釈すると直観が知（認識）の働きになるためには、主観と客観が分かれなければなりません。その時に私達は「見る自分」と「見られる自分」に分裂します。しかし、普遍的な変化の流れの中で、そのような分裂が起こるので、主客の分化は再び流れの中での、より大きな合一（一なる世界）へと導かれていきます。この大いなる合一の原理が「道」であり、その体験としての「万物斉同」であります。以上の体験はまた自己を瞬間的に俯瞰できる認識が成立していくことであるとも理解できますし、そのような認識が合わせ鏡のようにさらに意識の鏡に映され、さらにそれが別の鏡に写され、無限の鏡に、無限に写されていくという比喩で現わすこともできます。この体験は仏教や西田哲学のいう「自覚」に近い体験のように考えられます。

瞑想箱庭療法では以上の「自覚」の体験は、厳しい瞑想の修行によってあたかも宗教的体験として成立することよりも、環融体験・環融空間の中での箱庭遊びを通して、「サトルボディの体験」「象徴体験」それにともなう「とらわれをはなれた」体験として緩やかに成立していくものであります。さらにそれは日常生活においても感覚の開けを通した自覚として起こっていきます。そして何よりも重要なことは、それらはクライエントさんの意識的な努力ではなく、無意識的な体験（正確には、なかば意識的でなかば無意識的であるような体験）として成立するものです。そうであるが故に「気がついたらそうなっていた」という程のものです。そこで瞑想箱庭療法での瞑想も決して「完全な人間になる」ためなどの目的論的なおおげさなものでなく、ただ、自分を忘れて「環融空間」が成立する事を待つ「型」（面接室での型はやがて生活の型につながります）のひとつにすぎません。「完全な人間になる」ための「忘我のため」激しい修行をすること自体が「忘我」から最も遠い行為のように筆者には思えてしまいます。

なお、瞑想箱庭療法に伴う自覚的体験は宗教的回心などの大げさなものではなく、ほんのささやかな日常生活の中での神秘にすぎませんが、クライエントさんによっては「その体験にあたかもすべての幸せが集まってくるようにも」感じられるものです。そこで筆者は、このようなささやかな無意識的体験をあえて「他力」の体験と名付けた次第です。

ここにＡＳＤ（自閉症スペクトラム）で長年引きこもりの生活を続けていたＫ子さん（当時一八歳）の体験の一部を紹介させていただきます。Ｋ子さんは瞑想箱庭療法を続けられていく中で、自分の心には「脳としての心」と「魂としての心」があることに気づかれたと言われます。「脳としての心」とはK子さんの意志を超えて作動してしまい、対象の常同性を保とうとする「こだわり続ける心」のことで、これはASDに特徴的に見られる症状です。魂としての心とは「自発的に感じる心」のことですが、

「『魂としての心』が働くとどんな状態でも私は生きていけてしまうみたいです。真さらじゃなくても、ダメダメでも、緊張していても。時間が経てば楽になることができるのです。真っさらじゃないダメダメでも許せてしまうのです。勝手に。望んでもいないのにそうなるのです。けれども悲しいことに今度はそういう自分が許せなくて再び『脳としての心』が働いてきます。そういうことの全体は不思議としか言いようがありません。それで良いとしか言いようがありません」

と日記で述べられています。

ここでK子さんの言われる『脳としての心』と『魂としての心』が全体の心としてひとつに働く不思議こそ「他力」の体験に他なりません。そしてそこには、たとえ微かではあっても自分の全体を俯瞰する知（直観）の力が賦活してきているのです。

そしてK子さんは別の日の日記には、

「庭に咲いた牡丹《ぼたん》の花に昨日降った雨粒がついていました。いくつかの雨粒の中の一つにちょうど良い具合に日光が当たってダイヤモンドのようでした。そして自然に私の顔が左右に動き、見えてくる角度が変わり、光の色が白色から青、緑、黄と虹色に変化していくのが面白かったです。全

部が一度に見えるのではなく一色ずつ現れてくるのが不思議でした。こんな些細なところにこんな美しい世界が広がっていることが本当に不思議でたまりませんでした。自分の身体が吸い込まれるような溶け込むような体験でした」

と、日常生活での環融体験をあざやかに語られました。

そして最後に、

「五月に入ってしまいました。桜の花が恋しいです。でも来月は来月で今（五月）を恋しく思うかもしれません。先月や来月のことを想う事よりも今、この瞬間を楽しめば良いのですね」

と書かれていました。

（5）親鸞の他力

他力については、積極的に取り上げた仏教思想家が我が国の親鸞（一一七三～一二六三）です。親鸞は、道家の「自然」を積極的に自らの浄土教に取り入れました。弟子の唯円《ゆいえん》の『歎異抄《たんにしょう》』を通して以下のように述べています。

「わがはからわざる自然ともうすなり。これすなわち他力にてまします。」（『歎異抄』一六条）

「はからわない」ことが他力であり、それは自然であると述べております。

「はからわない」こととは心理療法の場面でセラピストがいっさいの操作性を放棄することにも

重なります。それは、「無為」になることであり、河合の言葉では「道」の状態に入ることに他なりません。ただし、考え方によっては「無為」になる事自体がすでに「自力」です。そこで、セラピストもクライエントも「環融体験」等の「型」に入り面接に流れに従うのみでしょう。そのような経過のなかで「あるがまま」の境地が「場」から自然に与えられてくるということにつきるでしょう。

親鸞は従来の浄土教の歴史では、一神教の神のごとく超越的な信仰対象として信じられていた阿弥陀如来を晩年においては、

「みだ仏は、自然のようをしらせんがためのりょうなり。この道理こころえつるのちには、この自然のことはつねにさたすべきにあらざるなり。つねに自然をさたせば、義なきを義とすということは、なお、義のあるになるべし。これが仏智の不思議にてあるなり。」

「他力には義なきを義とするべしとなり」(『末燈抄』、傍線は筆者)

と述べています。文中の「自然のようを知らせんがためのりょうなり」とは阿弥陀仏とは「自然」の働きを知らせんがための手段、方便に過ぎず、実体もしくは本質としては存在しないということです。そして「自然」の働きである他力は「義なきを義とす」と言われるように絶対に実体化、本質化は不可能であるということです。

以上のように親鸞においては「他力」と「自然・道」とが同じこととして体得されたのです。もちろん以上に到るまでの親鸞には阿弥陀如来や浄土の実在への信仰などをめぐる紆余曲折がありま

した。

またそれらの教義や観念を信じきれない己自身への深い絶望感の連続でもありました。けれども、最終的にそのような浄土仏教の宗教的なドグマは超えられてしまったといって良いでしょう。親鸞は以上の「他力」の境地を「自然法爾《じねんほうに》」ということばで表現されております。

「自然というは、自はおのずからという。行者のはからいにあらず。しからしむということばなり。然というはしからしむということば、行者のはからいにあらず…しからしむるを法爾という。」（『末燈抄』）

ここでの「おのずから」、「しからしむ」とは、単なる受動性の表現ではなく、中動態を述べたものと考えます。

「積極的に治そうとしない療法」とはセラピストの「自然法爾」の態度によって成立します。それは「無為」ということですが、セラピストを無為に至らしめるのは「場」の働きとしての他力であり、東アジアの自然論に即せば「道」の働き（物化）ということになるでしょう。

筆者がこの章でお伝えしたかった内容は、「積極的に治そうとしない療法」・「瞑想箱庭療法」の思想的な源泉が古代中国の「道家」の自然論に始まり、我が国の親鸞の「自然法爾・絶対他力」に到ることです。「積極的に治そうとしない療法」が「他力」の療法である所以もそこにあります。

（大住誠）

実践編

第五章　事例研究

ここでは、瞑想箱庭療法の事例について取り上げます。

（1）事例一――解離性障害、起立性障害と診断された思春期女子の事例

解離性障害、起立性障害とは

ここでは解離性障害、起立性障害と医師から診断された女子中学性の瞑想箱庭療法の事例を紹介いたします。最初に解離性障害、起立性障害という、聞き慣れない診断名について説明します。

解離性障害とは心的外傷（トラウマ）等の自己防衛として自己の同一性を失う意識の障害であり、神経症のひとつと考えられています。自分が誰かわからなくなったり、複数の自分が存在したり（多重人格）、時には幻覚や幻聴を伴う場合もあります。原因としては、心的外傷体験、幼少期の養育者とのあいだの愛着の問題、解離を生じやすい素質の問題等があげられます。解離性障害は森田正馬が存命のころはヒステリーと呼ばれ、たとえ神経症であっても、入院森田療法では治療困難と

され、森田療法の治療対象からは除外されました（現在でも解離性障害の心理療法では困難を伴うことが多くあります）。理由のひとつにはクライエントが、執われに伴う葛藤に耐えるだけの自我の強さを持たないと考えられたことがあげられます。ただし瞑想箱庭療法では、クライエントの重篤さにもよりますが、このような対象に対する心理療法も可能です。起立性障害とは、めまい、立ちくらみ等によって起床することに困難が生じる症状でストレス等による自律神経の乱れなどが原因とされます。

事例の概要

クライエント：A子さん（心理療法開始時一四歳、中学二年生）

主訴：朝身体がだるくて起きられない、意識が朦朧とする、幽霊のようなものが見える、過呼吸が時々起こる。医師からは解離性障害、起立性障害と診断される。

家族構成：本人、父（四六歳、内科医、現在別居中）母親（四四歳、ハープ奏者）妹（小学四年生）

現病歴：中学一年生の四月から同屋敷の敷地内で別居中の父親と口論になり、暴力を振るわれました。その後、解離症状が始まり、解離状態でのリストカットや過呼吸、起床困難などが始まり、不登校状態に陥ってしまいました。精神科に通院、そこで解離性障害、起立性障害と診断され、抗不安薬や抗うつ薬が処方されました。その後、（副作用を本人と母親が恐れ）漢方医院に転院。当相談室に来院時には、登校は可能になるが、解離、過呼吸、起床困難な状態は相変わらずで、コロナ禍にぶつかりオンライン授業に参加の状態にありました。

問題の経過：クライエントが小学五年生の時に、父親の不倫をめぐる相手側の女性と母親との裁判が始まる。その後、母親と本人、妹は父の診療所のある屋敷内に別居する状態が続いている。父親は母親や本人に対して暴力を振るうことが多々あり。本人が小学四年生の時には、ＤＶのシェルターに一時的に非難したり、児童相談所が介入することもあったとのことです。

臨床像（注：臨床像とは来談時における治療者の印象を意味する）制服を着て真面目な中学生という風貌であったが、能面のような表情が印象的でした。

来談経路：母親が筆者の著書を数冊読み、瞑想箱庭療法に関心を持ち来談されたとの事でした。

面接の頻度：原則として二週間一回、約四〇分の面接。

事例の経過：全一六回の事例を便宜上、前期、中期、後期に分ける。なお文中ではセラピストをＴＨ、クライエントをＣＬと略記します。

第一期　環融体験・環融空間の成立の時期

第一回（Ｘ年一月某日）

ＴＨはインテーク面接でＣＬに瞑想箱庭療法の方法と日記をつけることを提案していましたが、日記については現段階では「あまり気がのらない」との事で本人の希望にそって最初の約一五分間を傾聴に努めました。ただし傾聴といっても、ＣＬは半ば瞑想状態でＣＬのエピソードを深めることはせず、流すように聞きました。以上の聞き流す方法は共感的不問とよばれるものです。

ＣＬは「私は起立性障害という事で朝の一〇時以降でないと身体の痛みや怠さのために起きられません。中学入学後もこういう状態になったのですが今がとてもきついです。父と母の件があったことも関係があると思います。特に父の大声には耐えられません。あの大きな怒鳴り声と母との事（裁判の件）があってから身体から力が抜けてしまうのです」と語られました。それをＴＨは半ば瞑想状態で傾聴しました。

瞑想箱庭療法では、ＴＨは瞑想に入ることができましたが、突然「大切な事は周囲の評価よりも自分の意志で生きていくということなんですよ」という想念が浮かんできたが、その後は深い瞑想状態に入ることができました。

ＣＬの箱庭終了の合図とともに箱庭を眺めると、十字架を背負うキリストが置かれていました。ＣＬは「こういう事ははじめてなのでとても緊張しました。箱庭に題をつけるとしたら『みんなに憎まれながら十字架を背負って歩む人』です」と説明し、「背負う者」という題名をつけました（写真1）。

第三回（X年二月某日）

ＣＬは「再び朝起きられなくなりました。学校までの坂道も息切れがしてしまい、喉が渇きもう限界です。こうした状態は中学一年生の二学期から始まりました。今も続いています。坂や階段を上がる時には友達に荷物を持ってもらわないと駄目です。それからこの間、知らない人から突然『死んでしまえ』と道で怒鳴られました。また、自宅にある人形の目が動くようで怖かったり、他人からの視線がもの凄く怖いのです」という解離状態の説明に対してＴＨは瞑想しながら傾聴した。

瞑想箱庭療法が始まると、突然ＴＨの背中、首が痛くなり正常の呼吸ができないほど、目を瞑ってはいられない程になっていきました。すると、瞑想中のＣＬからも「背中、首が痛くて目を瞑ることが限界です」という声が聞こえてきました。そこでＴＨが自身の首、背中を押さえ呼吸を整えると同時にＣＬが「何だかわからないけれども楽になってきました」と言われました。その後、ＴＨは自分がどこにいるのか分からないほどの深い瞑想に入る事ができました。またＣＬは「今回は箱庭に入る前からぼーっとすることができて瞑想中一時背中がいたくなりましたが、その後は気持ちよくなり、箱庭も割とリラックスして置けました」と語りました。箱庭では仏陀の瞑想する領域とは対照的にキリスト教の殉教者を置き、「これは許しの世界と裁きの世界を表します」と説明され「背負う者」という題名をつけられました。

第五回（Ｘ年二月某日）

ＣＬは「オンライン授業が始まり、たくさんの課題が出ている上にオンライン環境も充分に調わず、さらに妹と言い争いばかりをしています。もの凄いストレスです。それから入浴中に相変わら

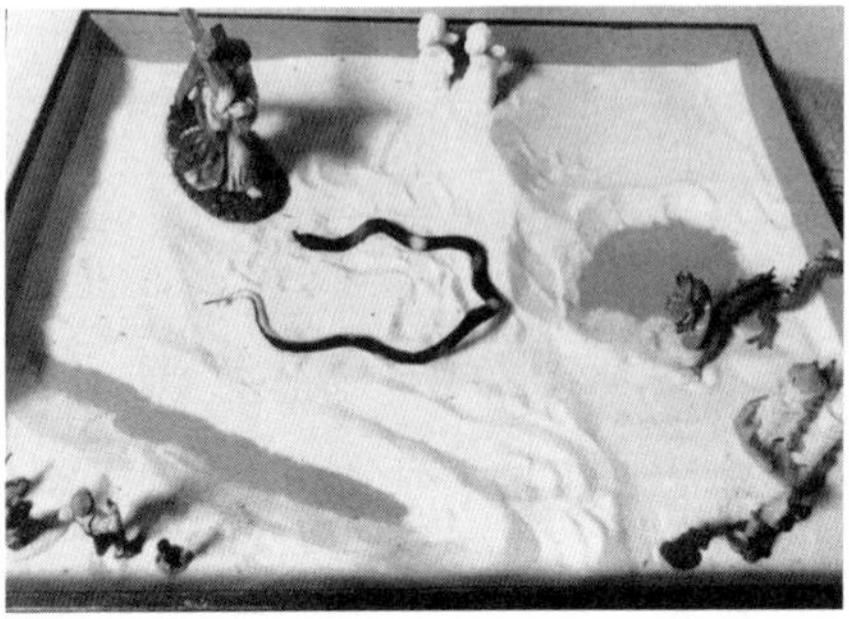

写真１　背負う者

写真２　守る者

ず後ろに誰かがいて自分を監視しているような気配を感じてしまいます。……」と語られましたが、THは瞑想しつつ傾聴しました。

瞑想箱庭療法では今回も深い瞑想に入ることができました。CLは「今回は瞑想中に初めて居眠りすることができました。前回までは先生が男性なので緊張していました。今回は先生がいることすら忘れてしまいました」と語り、箱庭では川とそれを見守る女神をおいて「守る者」ですと説明されました。また、次回からは「日記をつけてくると」と言われました（写真2）。

第二期　心的外傷体験の想記が可能となる時期

第七回（X年三月某日）

CLは「最近日記をつけるようになってから規則正しい生活ができるようになりました。ダイエットのために縄跳びもできるようになりました。それでも人はまわりに誰もいないのに見られているような感じが激しくなっています。入浴している時にもなにかが後ろにいるような気になって常に後ろを振り返ります。それでも昔よりは多少はましになっています。中学一年生の頃は幻聴に苦しめられました。自転車をこいでいると男からしゃべりかけられハンドルをきりそこなったこともありました。今ではそういうこともなくなりました」と今回も解離症状について語られました。そして以下のような日記が報告されました。

日記（三月某日）　天気：雪
起床：八時
午前：勉強
午後：縄跳び
就寝：二三時
（本日の感想）
何とか規則正しい生活ができるようになった。ダイエットのために縄跳びも出来るようになった。日記をつけるだけでもちがう。けれども、相変わらず頭痛がしたり、入浴中は誰かが後ろにいるようで恐怖です。

ＴＨは以上の日記に対して「誰かが後ろにいるような気がしてしまい、そちらに関心が向かえば向かうほど気になるものですね。気にならないことは難しいかもしれませんが、一応身体を洗うことにのみ関心を向けられれば良いのですが」とほとんど直感的な示唆を伝えました。ＣＬは「難しいですね」と答えられました。

瞑想箱庭療法ではＴＨは今回も自分がどこにいるのか分からなくなるほど深い瞑想に入ることができました。ＣＬは「瞑想中は身体の力が抜けました。この部屋に包まれているような感じがします。自分の置いた人形（アイテム）がはっきりと見えます。この女の子の目が語りかけてくるように視界に入ってきました。ここで（面接室）で気持ちがこんなに動くことは初めてです。」（写真3）

第八回（X年四月某日）

ＣＬは「学校の課題があまりにも多く、夜遅くまでやっているので生活のリズムが乱れることがあります。それでも日記をつけているので大きな乱れはないようです。心理的にも多少は安定してきました。コロナの不安はあるけれども落ち着いています」と語られました。日記には以下の内容が書かれていました。

日記（四月某日）　天気：曇り
起床：一〇時
午前：勉強、家事、ゲーム
午後：家事
就寝：二三時
（本日の感想）
どんよりした曇りであまり気分はよくなかった。それでも、やらなければならない事は一応できている。風呂に入っている時に怖さを感じたが、気がついたら怖いなりに身体を洗うことに専念していました。全く自分の努力で行ったという感じではありません。

以上の日記に対してTHは「気がついたらできていたという体験を大切にされてくださいと支持しました。

今回の瞑想箱庭療法ではTHだけではなく、CLも「瞑想が深まり自分が溶けていくようです」と言われ中心に湖を作り、そこに宝物の石と大の字で昼寝をするのび太を置かれました（写真4）。

第九回（X年四月某日）

CLは「不思議ですが最近昔の恐ろしい事を次から次へと思い出します。それも突然蘇ってきます。少年時代の父が非行少年であった事を祖母から聞かされたことがありました。とても凶暴な父でした。私は小学生時代に父から大声で怒鳴られ、殴る蹴るされ、何回も喉元に包丁を突きつけられたことがあり気を失うほどでした」と初めて過去のトラウマへの想記を面接場面で語られました。THはそれを半ば瞑想しながら傾聴しました。それでもCLの日記には身体感覚への開けを感じさせる内容が見られるようになってきました。

日記（四月某日）　　　天気：曇り

起床：八時

午前：オンライン授業
午後：家事、家庭教師、課題
就寝：二三時
（本日の感想）
自転車をこいでいる時に柔らかい風を感じた。珍しいことだった。気持ちが良い。忘れていた身体の感覚が蘇ってきた。

THは「柔らかい風を感じる感覚は良いですね」と返しました。

今回も瞑想箱庭療法ではTHは深い瞑想状態に入ることができました。箱庭では川が作られ、源流にはライオンが置かれました。そして川の周囲には老人、砂に埋もれた五重の塔なども置かれました。CLは「瞑想中は海外へひとり旅に行くというイメージが浮かんできました。いつか旅がしたいです。ライオンがとても立派に見えたので置きました」と説明されました。

第一〇回（X年四月某日）

日記（四月某日）
起床：六時

午前：家事、課題
午後：家事、課題
（本日の感想）
雨が降っていたが、なぜか心地良かった。雨音が良かった。ユーチューブでとても素敵な洋楽を歌うグループを見つけ、聞いてみたりした。以前にはこういう事はほとんどなかった。それか、勉強していて英語が素晴らしいことに気がついた。

ＴＨは以上の日記に対して「五感が外界に開かれてきたこと、たとえば雨が心地よく聞こえてきた体験。素敵な洋楽に関心が出てきた事はとても良いですよ。それから英語を学ぶ楽しさに気づかれたことも良いですね」とＣＬの自然に湧き上がってきた「〜したい」という気持ちを支持しました。

瞑想箱庭療法ではＴＨはいつも通り深い瞑想に入ることができました。ＣＬは「瞑想が深まりました。今この部屋（面接室）の感じがリアルになってきました。花瓶も花も鮮やかです。明らかに先ほどとは違います。今回は何となく目に留まったもの、特に綺麗なものを置きました。とても綺麗な感じがします。自分で置いた後に感情が動いてきます。自分だけがこの部屋にいるような気がします」と言って、砂を丁寧に小箒で掃き、大きなリンゴとそれを見上げる少年そして後方に小さなリンゴを置きました。ＴＨにも赤いリンゴが鮮やかに見え、窓からの夜景もリアルに感じられました（写真5）。

第一一回（X年五月某日）

CLは「怖い感じが少なくなってきました。弟と言い争いばかりしています。この前父親たちが住んでいる別棟の近くを通り過ぎると突然、父親から声をかけられ驚きました。けれども以前の動揺はありませんでした。何で用もないのに声をかけられるのか不思議な感じがしました」と語られました。

以下の日記が報告されました。

日記（五月某日）
起床：九時
午前：英語のテキストをステージ七からやる。オンラインテストがあった。
午後：授業、家事、勉強、買い出し
就寝：二二時
（本日の感想）
課題が多すぎて多少朝起きるのが遅くなっている。今日のように雨と曇りの日は少し涼しい。最近得体の知れない不安感が出てくるが、気がついたら、そのままにして置けるようになって

写真3　語りかけてくる女の子

写真4　昼寝をするのび太

写真5　不思議なリンゴ

いる。それから湿った風が本当に心地良い。庭木がどんどん成長していくように見える。

THからは「課題をやることなどに対して完全ではなく七〇パーセントくらい（ほどほど）を目標にされると楽にできるようになりますよ。もちろんそんな事は努力しても難しいということをわきまえてやってください」と伝えました。

箱庭療法ではTHは今回も深い瞑想に入ることが出来ました。CLは箱庭の中心に埴輪を置き、少し離れたところにそれを眺める椅子に座った男性を置かれました。そして「この人はただ見ているだけの人です」と説明されました。

第三期　症状が寛解する時期

第一二回（X年五月某日）

CLは「しっかり起床できるようになりました。怖い感じが不思議となくなりました」と言われました。以下の日記が報告されました。

日記（五月某日）　天気：曇り
起床：六時三〇分
午前：英語のテキスト自習

午後：数学のテキスト自習。オンライン授業、塾、課題、家事
（本日の感想）
英語の塾から帰る時、とても心地良い風が吹いていていて足を止めたら今度は雑草が足にからみとても気持ちが良かったです。

THは今回も「身体の感覚が自然に開かれていく体験を大切に」と支持しました。瞑想箱庭療法ではTHは深い瞑想に入ることができました。CLは山に登ろうとするカエルを置いて「瞑想中は本当に気持ちが良くて半ば居眠り状態です。カエルが山に向かって挑むところです」と説明されました。

第一四回（X年六月某日）

CL「最近は朝五時三〇分頃、身体の怠さもなく起きれています。暗闇の恐怖でも意識を失うこともなくなりました」と語り、症状の軽減が語られるとともに以下の日記が報告されました。

日記（六月某日）　天気：曇り
午前：授業
午後：家事

（本日の感想）

自転車で弟を迎えに行ったが少ししんどかった。それにもかかわらず周囲の雑草が輝いて見えた。

ＴＨは「順調ですね」と支持しました。

瞑想箱庭療法ではＴＨは今回も自分がどこにいるのか分からないほどの深い瞑想に入ることができました。ＣＬの箱庭には中心に古代エジプトの神、四隅にドラゴンや亀、牛などを置き曼荼羅的な表現が見られました。ＣＬは「いろいろの文化が混じり合いそれでもバランスのとれている状態です。いつも置く箱庭とは違う感じです」と説明されました（写真６）。

第一五回（Ｘ年六月某日）

ＣＬは「ようやく学校週三日で通常通り授業をすることになりました。母から送ってもらわなくても行けるようになりました」と語られ、以下の日記を報告されました。

日記（六月某日）　天気：晴れ

午前：授業

午後：授業

（本日の感想）
夜遅くまで課題をしてあと少しで終わりそうだ。最近外界の事物が細かく鮮やかに見えるようになった気がします。夜の街灯がきれいだった。常に不安だがそのままにしています。

それに対してTHは「順調です」と支持しました。

瞑想箱庭療法ではTHは突然に鮮明なイメージに襲われました。イメージの内容は、湖が現れる、次に立派なタテガミの雄の白いライオンが現れる。今度はCLが現れ湖に姿を消す。そして、CLが湖から姿を現わすと凜々しい雌のライオンの変身している、という内容でした。これまでは瞑想中に心に自然に発生するイメージには極力執われないようにしていたのですが、今回はイメージがあまりにも奇抜で鮮明のために瞑想後もTHの記憶に残りました。なおその後、THは深い瞑想に入ることができました。箱庭ではCLは卵の入った篭が置かれ、その近くに初めて花が置かれました。そしてCLは「イースターエッグが目につきました。これはイエスの復活祭の徴です。何かが生まれる兆しです。降誕のことです。大切な卵だから花を置きました。初めて花をおくことができるようになりました。それから最近外の自然がとてもくっきりと見えます」と語られました（写真7）。

第一七回（X年七月某日）　最終回

ＣＬは「最近自己主張ができるようになりました。補習の方法についても学校側にしっかりと注文をつけることができました。今まで学校から言われた事に忠実だったので、こういう時に反対意見を言えるようになったと思いますが、過去の自分とは明らかに違うので驚いています。母とも喧嘩ばかりしています」と語られました。ＴＨは「なるほどね」と共感的に支持しました。そして以下の日記が報告されました。

日記（七月某日）　天気：雨
起床：六時三〇分
午前：補習
午後：補習
就寝：二三時三〇分
（本日の感想）
雨の中をスキップしながら坂道を帰った。英語の副担任（男性）がとても魅力的で面白い。英語をがんばろうと思った。

ＴＨは「順調です」と応えました。瞑想箱庭療法では今回も自分がどこにいるのか分からないほどの深い瞑想に入ることができました。箱庭では箱庭に麒麟と桃から生まれる桃太郎のいる森が置

写真６　混じり合う文化

写真７　何かが生まれる

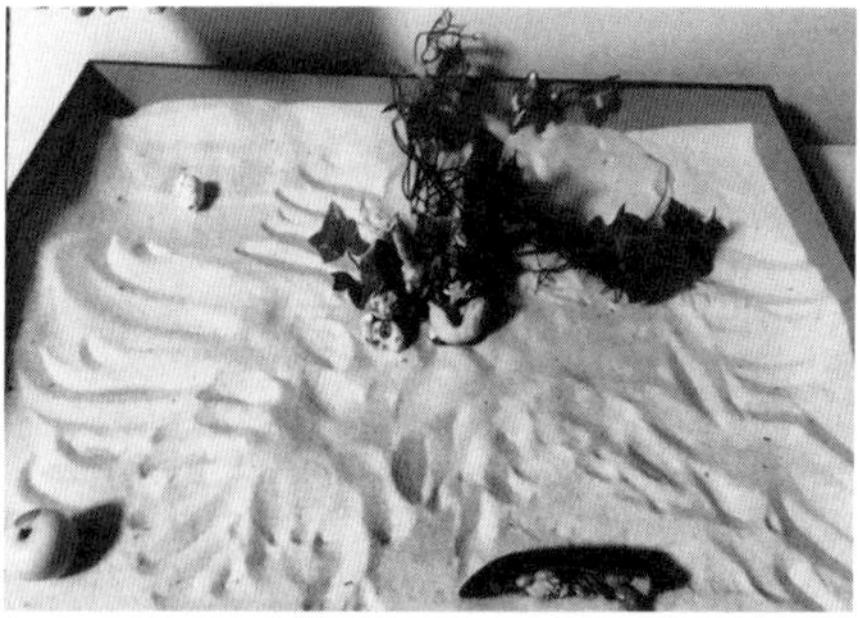

写真８　麒麟のいる森

かれました。そして「この領域は外から入れない大切な場所です。自分の心にもそういう場所ができたようです。『麒麟のいる森』という題です」と説明されました（写真8）。今回をもってＣＬの症状が軽減されたことで心理療法は一応終結としました。

考察

今回の事例について各回の面接を通して瞑想箱庭療法の展開と日常生活での変化について説明します。

今回の事例の「環融体験」「環融空間」は第一期、第三回において成立を窺うことができます。それは、この回においてクライエントは面接中に「ぼーっとした」状態に入ることができたことと、セラピストの「肩、背中の痛み」とそこから解放される体験をクライエントも同時体験することができたからです。これは「布置の体験」と考えることができます。そしてこのような「布置の体験」からセラピストとクライエントの環融体験と環融空間の成立が推測されます。

「感融体験」と「環融空間」は五回目においてさらに明確になります。この回ではセラピストが深い瞑想に入るとともにＣＬからは「今回初めて居眠りをすることができました」と述べ、さらに「男性である先生の存在を忘れることができました」と語られました。これは瞑想を通してクライエントが「場」に溶け込むことができるようになったものと推測できます。特に「クライエントの存在を忘れる」というエピソードはサトルボディの体験とも重なるものです。一般に心的外傷を伴う思春期の女子に対する心理療法では、クライエントがセラピストからの侵襲性に過敏であるところから男性のセラピストは好ましくないと言われます。今回は男性のセラピストでしたが、双方の環融体験を通して環融空間が成立し、クライエントは心の中に侵襲されるという不安が少なくなり、男性のセラピストでもさほど侵襲性を感じなかったことが考えられます。そのことは箱庭に「守る者」としての女神が置かれたことからも窺えます。

その後もセラピスト、クライエントの環融体験は促進されていきます。それは第七回目でクライエントが箱庭制作の後で「この部屋に包まれているような感じがします」に窺うことができます。また、「自分が置いた人形がはっきりと見えます。この女の子が語りかけるように目に入ってきました。まるで自分が中学生みたいです」からはここでもサトルボディの体験を窺うことができます。なお、この回でクライエントの「様々な感情が動きます」というエピソードは「純な心」の賦活を窺うことができます。「純な心」とは森田療法の用語ですが、「自然のままの心」「心の流転が始まった時の心境」（森田、一九二一）を意味します。これを筆者は人為的な操作や価値観が加わらない自然に生起するプリミティブな感情と理解します。「純な心」は「～したい」という「自発的な欲望や意志」の土台となるものと言われております。こうした感情の賦活は、クライエントが意図せずに置いた女子中学生のアイテムが象徴として機能したためと考えられます。このような箱庭体験はクライエントの象徴体験でもあると考えることができます。

以上のような面接室での瞑想箱庭療法の体験は日常生活にどのように反映されていくでしょう

か？　たとえば第七回目の日記に見られるように日々の生活が規則正しくなっていくこととともに、解離症状による入浴時の恐怖、不安感に対して「何となく、やってみようと思った」ので身体の洗浄のみに注意を向けられるようになります。「感じるまま」は「純な心」のままということですが、そのことで、「誰かが後ろにいる」という恐怖感への執われを抜け出せたものと考えることができます。なおここでの箱庭の「ただ見る人」はクライエントの直感による「全体を俯瞰する力」が身についてきたことも推測できます。ただし、クライエントにおいてそれはあくまでも無意識的なものです。

八回目の瞑想の瞑想箱庭療法でもセラピストとクライエントは深い感融体験が成立します。クライエントは箱庭の中心に湖を造り、さらに湖の中心に「のび太」を置きます。このように中心が明確になる箱庭表現は「象徴の表現」であり「中心化」と考える事ができます。箱庭の「中心化」表現は曼荼羅表現に近いものであり「自然治癒力」（自己治癒力）の賦活をあらわすものとされます。それは、第九回目、第一一回目で自らの「心的外傷体験」を面接場面おいて直面できるようになってくることにも重なるものです。心的外傷を伴うクライエントが、自らの心的外傷体験を想起させて直面化させる技法は一般の心理療法においてもよく行われています。ただし、ここでは以上のようなセラピストからクライエントへの一切の働きかけは行われておりません。セラピストとクライエントとが深い瞑想を行うことで「環融体験」「環融空間」が成立し、「環融空間」の中でクライエントの、「サトルボディの体験」「象徴体験」それに伴うプリミティブな感情の賦活などの自然なプロセスの中で行われたものと考えられます。そういう意味では全くクライエントにとっては「他力的」な体験と考えられます。その後のクライエントの「サトルボディの体験」は第一〇回目の「何となく目に留まったもの、特に綺麗なものを置きました。そうしていたら自分だけがここにいるような感じさえします。様々な感情が動きリンゴが生きているようで驚きです」等に窺うことができます。

日常生活の変化については、第九回目の日記内容の「自転車をこいでいる時に柔らかい風を感じることが出来て、忘れていた身体の感覚が蘇ってきた」ことや第一〇回目の「勉強をしていて英語が素晴らしいと思えるようになった」ことにも窺うことができます。解離症状のために忘れた身体感覚が蘇ってきたことが窺えるとともに、勉強に対する好奇心が自然に湧き上がってことなどから、クライエントの「生の欲望」の賦活化を窺うことができます。

第三期においてクライエントの症状は寛解していきます。たとえば日常生活の変化は第一一回の日記に窺うことができます。ここでは「相変わらず不安ですが、不安をそのままにしておけます。気がついたらそうなっているのです」という「他力」の体験が語られ、第一四回では、「最近は身体のだるさもなく起きられています。暗闇の恐怖心と意識を失うことがなくなりました」と症状の改善が語られるようになります。瞑想箱庭療法では第一五回の瞑想時にセラピストにクライエントが「立派なライオンに変身」するというイメージが突然浮かび、同時に箱庭に「何かが生まれる兆し」としてのイースターエッグが置かれます。

この体験も「布置の体験」であり、第一回目の面接でセラピストが瞑想中に浮かんできた「大切なことは周囲の評価よりも自分の意志で生きていくことなんですよ」というイメージに重なるものです。実際にその後クライエントは日常生活でも、学校や親に対して積極的に自己主張ができるようになっていきました。そういうところから、「何かが生まれる兆し」の「何か」とは、クライエント自身の課題でもあった「自発的な意志」「自己主張」できる力のことではないかと想像しました。そしてこういう力は決してクライエントの意識的な努力、治そうとする努力だけで獲得したものでないことにも実感させられました。

(2) 事例二——不安性障害、うつ病性障害と診断された成人男子の事例

事例の概要

クライエント:B男さん(心理療法開始五六歳、高等学教員)

主訴:抑うつ、不安(医師からの診断は「うつ病性障害、不安性障害」)

家族構成:本人と妻と長女、次女の、四人暮らし

現病歴と問題の経過:二五歳の時、胃腸神経症で森田療法専医療門の医療機関に一ヶ月間入院し、入院森田療法を体験されました。その結果症状は軽快されました。ただし、入院森田療法では「絶対我辱期」といって、一定の期間は個室にこもり、食事、排便以外は切許可されない時期がありま

す。この間に患者は「自らの症状」と向きあい、症状を排除しようとする意図や思考を断念せざるをえなくなるとされます。
その時に感覚が開かれるとともに自覚の体験（症状に執われていた自分を俯瞰できるようになる）が成立し、そして症状も軽減すると言われます。
「絶対我辱期」を体験されたB男さんの感想は「症状は一時的に良くなったものの、まるで独房に入れられたようであった」とのことでした。その後四〇歳になるまでは症状に苦しむことはなく、公立高等学校の国語科教員として就職され、「国語教育」の研究においてもたくさんの業績を残されました。ところが四五歳になって職位が中間管理職（教頭職）に移るとともに、職場上の人間関係をめぐるストレスからパニック発作を起こし、再び投薬治療をうけることになりました。一時的に症状はなくなりましたが、四二歳から、業務の多忙さと、校長との人間関係をめぐるストレスからうつ状態になり、再び投薬治療を始めました。そして五四歳の時に校長に昇進しますが、五六歳の時に今度は胃がんを発症します。胃の摘出手術を行い、四ヶ月間休職されます。その間に絶え間ない「死の恐怖」に苛まれたそうです。そして復職とともに筆者の心理相談室に来られました。
来談経路：筆者（大住誠）の著書を読み、当心理相談室に来談されました。
臨床像：背広を几帳面に着込み、生真面目な公務員という印象でした。
事例の経過：全一六回の面接を便宜上三期に分けます。面接は主要な回のみを、日記も重要と思われるもののみを取り上げました。

第一期　環融体験・環融空間の成立期

第一回（X年六月某日）

前回のインテーク面接で瞑想箱庭療法について説明を加え、日記の書き方も指示していたので、今回は相談室に入られるなり、THに日記を見せられました。そして「三〇年以上昔、森田療法の施設に入院した時にも日記を書きました。当時を思い出します。施設のA先生は厳しい人でしたが、とても暖かい人でした。入院森田は本当に厳しかったですが、今となってはとても当時が懐かしいです。再び症状がぶり返すことが自分の性格と関係があるだけにやりきれません」と言われました。THは共感しつつも不問に付しましたが、半ば瞑想状態でした。以下のような日記が報告されました。

日記（X年六月某日）　天気：晴れ
起床：六時
午前：校務
午後：校務
就寝：一一時
（感想）
本日も不安感と抑うつ感に苛まれながらも職場に向かった。職場では極力そういう自分を隠し、昔学んだ森田の「行動本位」に徹して「抑うつ」状態のままで校長としての職務を遂行した。けれども辛い。帰宅してからは、今度は「癌の転移」についていろいろと考えてしまいとらわれは強くなるばかりであった。

以上の日記に対してTHは「『不安感』と『抑うつ感』にとらわれながらも一日の職務を遂行できただけで私は充分だと思いますが……それから『癌の転移』についての不安感も私がBさんなら同じくいろいろ考えてしまうかもしれません。けれどもそういう考えはどうにもなりません。自然のことだと思います」とお答えしました。

瞑想箱庭療法では、CLの硬い態度、雰囲気に影響されてかTHは瞑想に入ることができず、ひたすら呼吸に注意を向けていました。その時に「まだ自分は他者を意識して比べてしまうところがある。人生や世界に対する絶望が足りないのではないか?」という想念が出てきました。そこで、その想念をそのままにしていると一気に深い瞑想状態が訪れました。

CLは中心に池と周辺に小さな家などを整然と並べ「瞑想も難しいが、この年齢でこういう遊びはそれ以上に難しいです。中心の水が救いでしょうか。水は箱庭の最後に突然に出てきたものです」と言われました。そして題名を「湖」とされました（写真1）。

第三回（X年七月某日）

ＣＬは「相変わらずやる気が起こりません。それでも公務は何とかこなしています」と言われ、以下の日記を報告されました。

日記（Ｘ年七月某日）　　　　天気：曇り
起床：六時
午前：公務
午後：公務
就寝：一一時
（本日の感想）
日中は身体がだるくやる気がおきず辛かった。特に部下との校内企画をめぐっての議論に疲弊した。何とか業務は遂行できたが精一杯であった。こういう日にかぎって癌の再発について考えてしまいます。

以上の日記に対してＴＨが「業務が遂行できただけでも充分ではありませんか。癌再発の『不安』は不自然な気持ちではないと思いますがね……」と伝えると、今度はＣＬから「それではどうすれば良いのでしょうか？」と逆に問われてしまいました。ＴＨは半ば瞑想しながら「人生には、『どうすれば答えがでるのか分からない』ことがあるのではないでしょうか……」とつぶやくように答えました。すると今度はCLの方から「なるほど、これも不問ですね。諦観ということでしょうか」と言われました。THは「私にはよくわからないのです」と言いました。
瞑想箱庭療法では今回THは深く瞑想に入ることができました。瞑想中、THにはじめて放牧された馬が走っているイメージが出てきました。箱庭には動物の集団と人間の集団が対立しながら前進していくような場面が置かれました。CLは「今回は瞑想に入ることができました。瞑想していると自分がなくなるような、この場に溶け込むような感じになりますね。箱庭でも気づいたら少しは遊べるようになっていました。対立しながら前進していくイメージでしょうか」と箱庭の説明をされました。そして「前進」という題名をつけられました（写真2）。

第五回（X年八月某日）
CL「『がん再発』の不安に執われることが少なくなってきました。抑うつ状態は相変わらずです」と言われ、以下の日記を報告されました。

日記（X年八月某日）　　天気：晴れ
起床：六時
午前：公務
午後：公務

（本日の感想）
やる気が相変わらずでない。それでも業務は遂行した。夜気分転換に散歩をした。身体が何の努力もせずに突然外気に開かれていくことを感じることができた。この体験は瞑想箱庭療法と関係があるのかもしれない。

これに対してＴＨが「今回のように五感が外界に開かれていく体験を大切にされたらいかがでしょうか？」と伝えると「確かに身体が外気に開かれている時の感じは『考えてしまう』ことから自由になっていました。突然にそうなったのです。自分の意志的努力と関係ないです」と答えられました。

瞑想箱庭療法ではＴＨは今回、これまでの回で最も深く瞑想に入ることができました。箱庭には中心の仏像をはさんで左右に人間の集団と動物の集団とが置かれました。ＣＬは「この場に安心できたのか深い瞑想に入ることができました。ほとんど意図しないで中心に仏像を置くことができました。手が自然にその方向に動いた感じです。それから、自分の身体がこの場に溶け込んでいるような不思議な気分です。棚のアイテムがとてもリアルに見えます」と言われ、箱庭に「集まれ」という題名をつけられました（写真３）。

写真１　湖

写真２　前進

写真３　集まれ

第二期　外界に身体感覚が開かれていく時期

第六回（X年九月某日）

ＣＬ「最近は不安感、抑うつ感は相変わらずですが、癌の転移に関する執われは以前にもまして少なくなっています。どうしてそうなるのか、森田先生でしたら『そういうことを問うこと自体が執われだ』と言われてしまいますね。ただし努力や工夫によって執われを離れる森田先生ともここでやっていることは違うように感じます。ハハハ……」と初めて面接場面で笑われました。

日記（X年九月某日）　天気：晴れ
起床：六時
午前：公務
午後：公務
（本日の感想）
本日は天気がとてもよかったせいか八ヶ岳の山並みが綺麗に見えた。毎日見えている八ヶ岳ではあるが、まるで初めて見たような感覚を覚えた。瞬間的に自分も風景に溶け込んでいるような、身体も心も開かれていくような不思議な体験であった。その時に『癌の転移』などを考えている自分を俯瞰することができた。瞑想箱庭療法の体験そのものであった。事実癌再発への執われは少なくなってきている。それでも不安は残っているが……

就寝：一二時

これに対してＴＨは「このような体験を大切にしてください。ただし、体験に固執されない方が良いでしょう」と伝えました。ＣＬは頷いておられました。

瞑想箱庭療法では今回もＴＨは深い瞑想に入ることができました。箱庭には中心にリンゴに向かう動物や人間が置かれ、それらが前進しているような動きのある表現が見られました。ＣＬは「置き終わって眺めて見ると、箱庭の人間や動物が動いているように、小さい生き物のように見えます」と語られました。ＴＨは「確かに」という実感を得ることができました。「行列」という題名がつけられました（写真4）。

第一〇回（X年一〇月某日）

ＣＬは「最近は不安感や抑うつ感はそれほどでもないのですが、こんどは『かくあるべし』という潔癖症がでてきてしまい、何事に対して『こうしなければならない』という不合理な感情に追い詰められています。森田療法では完全主義よりも七〇から八〇パーセント主義でと言われていますが、どうしてもできません」と語られました。ＴＨは、共感的不問に徹しつつも「そういうことが簡単にできるような単純な私ではないですからね」と呟くような独りごとが出てきてしまいました。以下の日記が報告されました。

日記（X年一〇月某日）　天気：晴れ
起床：六時
午前：公務
午後：公務
（本日の感想）
「抑うつ」も以前程ではなく、仕事も滞りなくできているが、今度は「かくあるべし」という観念が強くなってきたようだ。例えば、部下が自分の指示や期待どおりに動いてくれないと苛だってしまう。けれども、そんな事とは関係なく外界の自然を美しく感じられるようになった。美しいというよりも自分が自然の中に溶けてしまっているような感じになることが多々ある。気がついたらそうなっているのである。夕焼け空に浮かび上がる八ヶ岳連峰の山並みに見とれるばかりである。そうすると短時間であっても「職場での事などどうでも良い」と思える。瞬時我にかえった感じです。
就寝：一一時

これに対してTHは「『外界の自然に溶け込むような状態』になった時と同時に出てくる『あきらめ』の体験が私にもよくわかります」と支持しました。

写真４　行列

写真５　シンボル

瞑想箱庭療法では今回もTHは深い瞑想に入ることができました。箱庭には中心に二つの仏像が置かれ、仏像を中心に人や動物たちの流れが作られ、今回も動きを感じさせられました。CLは「仏像を中心にエネルギーが拮抗しています。今回も置いたあと眺めてみると、まるでアイテムが生きて動いているような感じがします」と説明されました。「シンボル」という題名がつけられました（写真5）。

第三期　症状の寛解とともに「生の欲望」が高まる時期

第一三回（X年一一月某日）

CLは「最近自分を苦しめていた『かくあらねばならない』という観念がずいぶん少なくなりました。それでも完全には『どうでもよい』とはならないのが不思議です」と語られました。THには理由もなく可笑しさがこみ上げてきました。するとCLは「性分というか、森田神経質は治らないということですね。それはそれで良いのでしょう」と言われ「ははは……」と高笑いをされました。その時、突然今度はTHの方で「自分を受け入れるとはこういうことなんだ。意識しないうちにできていることなのだ」とはじめて知ったことのように気づかされました。今回は以下の日記が報告されました。

日記（X年一一月某日）　天気：晴れ

起床：六時
午前：公務
午後：公務
（本日の感想）
職務で自分の企画を妨げる役員員会とうまくいかず辛い。けれどもこのような感情に苦しむのは「かくあるべしが自分を追いつめているからに他ならない」と気づくと「どうでもよい」「どうにかなる」と諦められる。帰宅後、犬の散歩をしていると道端の花が美しく感じられ感動した。瞑想している状態に入ることができた。
就寝：一二時

以上に対して「順調ですね」と一言だけ応えました。

瞑想箱庭療法では、これまで通りに今回もＴＨは深い瞑想状態に入れました。箱庭には船がいく川をはさんで動物たちの領域、説話のような村の領域などが作られました。そしてＣＬは「瞑想に入ることが本当に上手くなりました。箱庭を置くときにはあまり考えないで置いているのですが、今回、自分が置いた箱庭を眺めていると、子どもの頃の昔の記憶が突然蘇ってきます。私はＮ県の農家に生まれたのですが、家の近くには川が流れていました。実家は茅葺きの家で当時でも珍しい建物でした。そして周辺は山で、山にはタヌキや熊がいて時々里に下りてきました。川の匂い、茅茸きの茅の匂いがこの場で蘇ってきます。懐かしいですね。この面接室自体が懐かしい感じがします」と言われました。CLの「生《なま》の感情」（純な心）が伝わってきました。

箱庭には「川」という題名がつけられました（写真6）。

第一五回（X年一二月某日）

CLは「不安や気分の落ち込みとも、それなりに付き合えています」と語り、以下の日記を報告しました。

日記（X年一二月）　　天気：晴れ
起床：六時三〇分
午前：公務
午後：公務
（本日の感想）
本日も年の瀬もあって忙しかった。あまりよけいな事を考えずに業務に打ち込むことができた。
本日も職員会議で先生方と対立した。先生方からは本校の有名大学への合格率を高めるための進学指導を計画的、能率的に行ってほしいという学校への要望を出された。それは保護者から出された要求とのことであった。校長としては、もっと生徒たちのために自由な教育を実践したいと思うが、生徒たちも自由な教育なんか望んでいないという。話を聞きながら少し可笑しな感じがした。理由は管理職と先生方との見解が今と昔とで全く逆になっているからだ。私が若い頃は管理教育や受験教育に反対し、それを推し進める管理職と対立していたはずだが？当時の生徒たちは生徒たちで教員側の管理や能力主義に反対して校内暴力などおこしていたが……そんな事を考え職場の窓から八ヶ岳の山並みを眺めた。山はすでに雪に覆われ初めていた。やがて雲の動きに気づき、時間を忘れて見とれてしまった。気がつくと自分の心が雲の流れになっているような体験をした。空の青さがとても鮮やかであった。
就寝：一二時

これに対してTHは「日記の内容がずいぶん具体的になってきましたね」とだけお応えしました。瞑想箱庭療法ではこれまでと同様にTHは深い瞑想に入ることができました。箱庭には中心に池が作られその中心には石、石の上にカエルが置かれました。CLは「瞑想は本当に深くなりました。一気に降りていくような感じですね。眠っているようで寝ていないところが不思議ですね。それから今回も楽しく遊べました。池の中のカエルがとても心が惹かれます。確かに子どもの頃に、池の中の一匹のカエルをじっと見つめていた瞬間がありました。『生きた物がそこにいる』という感じですね。その時の感情が蘇ってくるのです。何だかわからないけれども身体からうづいてくる『元気』というか『生の欲望』のようなものが感じられます。それから最初においた池と今回の池とがあまりにも違うので驚いています」と語られました。今回はCLの「生の感情（純な心）」が伝わってきました（写真7）。

第一七回（最終回、X＋一年二月）

CLは溌剌とした表情で「最近は不安や抑うつも少なくなりました。投薬も減薬されましたが、ほとんど飲まなくなりました。それから、自分の『癌の体験』を題材にした『命の教育』を小、中、高校生対象に実践する事が決まりました」と語り、以下の日記を報告されました。

日記（X＋一年二月）　天気：曇り
起床：六時
午前：公務
午後：公務
（本日の感想）
最近、抑うつ、不安についての執われはほとんどなくなっている。薬も減薬できるようになった。また、新しい試みとして多少は不安ではあるが自分の癌体験を題材にした「命の教育」を小、中、高生に実践したいと考えている。

就寝：一二時

以上の日記に対して「癌再発のこれまでの不安と今回その体験を教育実践することへ結びつけられたことは素晴らしいですね。『命』という言葉に感動しました。癌の体験が校長先生を『命の教育』実践へと導いてくれたのでしょう」とお伝えしました。

瞑想箱庭療法ではTHはこれまで通りの深い瞑想に入れましたが、今回の瞑想は「自分がどこにいるのかわからないほど深いものでした。そしてCLに箱庭開始の指示をする時には『目の前にいる人が誰のか』と戸惑うほどでした。その後CLからの箱庭制作終の声かけとともに後ろを振り返り、箱庭作品を眺めると見事な曼荼羅が表現されているのに驚きました。CLは「今回は本当に深い瞑想に入ることができました。これまでの回で最も深かったと思います。瞑想中に突然湧いてきたイメージを基にして置きました。ただしそれからの記憶がありません」と説明されました。今回をもってCLの症状の寛解と「生の欲望」の賦活から一応心理療法を終結としました（写真8）。

考察

瞑想箱庭療法の展開とクライエントの日常生活での変化について説明いたします。

今回の事例の「環融体験」「環融空間」は第一期三回目において成立しております。またセラピストの瞑想中に放牧された馬のイメージも出てきて「布置の体験」も成立します。クライエントは

写真６　川

写真７　カエルのいる池

写真８　調和

「瞑想すると自分がなくなるような、この場に溶け込むような感じになります」に窺うことができます。そして箱庭表現でも「前進」と題されるように動きが生じています。そして五回目において、クライエントは前回同様に「棚のアイテムがとてもリアルに見えます」と伝え、箱庭では意図せずに中心に仏像を置かれました。これはクライエントの環融体験を通して、面接室の空間が「環融空間」になってきたことと推察できます。ここでの「仏像」はユング心理学的に「自己」の象徴であり、箱庭に「中心化」が生じていると考えることもできます。ユングは人間の心の深層ある集合無意識の存在を仮定しました。ユングによると自己とは集合無意識の元型の働きであり「心の中心と全体性」を意味するものです。ここでの「自己」は自我よりも深い「真実の私」という程の意味であります。「自己」という実体が心の深層に実在しているのではなく、そのような働きが仮説としてはあり得ること。その働きよって曼荼羅を初めとする象徴的なイメージが意識に浮かびあがってくるということをユングは述べております。ユングはこの「自己」を、自身の青年時代、精神病に近い症状の中で、自らの体験として発見しました。「四方を円や四角で囲まれた中心のある図形」が心の深層から湧き上がり、それを描画に表現するとともに、その表現がチベット密教における「悟り」の表現としての曼荼羅のイメージに極めて近いことを発見しました。ユングは曼荼羅のイメージによって精神病状態からの脱却できました。「自己」は自然治癒力そのものであったのです。その後、仏教における「悟りの体験」を非我によって突如として「自己」が露わになる体験であると述べております。

以上の説をユングは思弁的、論理的にとなえたのではなく、あくまでも心的現象としての仮説として述べました。ただしユングは人間の心の深層にある自己（集合無意識）よりも深い領域（東洋思想におけるゼロポイント・無）については瞑想等により体験的には知っていたと考えられますが、充分には言及しませんでした。

以上からも第五回の「仏像」は、クライエントの象徴体験であり、自然治癒力が賦活しつつあることを推測することも可能でしょう。

日常生活の変化では、第五回目の日記の「気分転換のために散歩をしていたら身体が外気に開かれていくことを感じることができた。この体験は瞑想箱庭療法と関係があるのかもしれない」というエピソードと日記に対するセラピストとのやりとりでの「確かに身体が外気に開かれている時の感じは『考えてしまう』ことから自由になっていました」に窺うことができます。以上は日常生活での「環融体験」に近いもので、そこでは「症状に対する」執われは離れられています。第二期では、第六回目で箱庭を置いた後「置き終わって眺めて見ると、箱庭の人間や動物が動いているように、小さい生き物のよう見えます」というクライエントのエピソードからは、クライエントのサトルボディの体験の体験を窺うことができます。クライエントは環融体験を通して、身体的（生理的）でも心理的でもない「中間的な身体体験」を行うことで、箱庭のアイテム、表現においても「物」と「心」中間領域としてのサトルボディの体験が可能になったものと推測されます。それは「知覚の質」が「環融空間」において変化したことと関連すると考えることも可能です。そこでは、箱庭のアイテムは物であっても、あたかも生きているように見えるのです。第一〇回目の箱庭表現には「今回も仏像を中心にエネルギーが拮抗しています。眺めて見るとまるでアイテムが生きて動いているような感じがします」と今回も「サトルボディの体験」が語られました。

以上のような面接室での「環融体験」や箱庭療法での「象徴体験」や「サトルボディの体験」に対してクライエントの現実生活はどのように変化しているでしょうか？　第六回目の日記においてクライエントは「身体的に自分も風景に溶け込んでいるような不思議な体験であって。その時、瞬間的に『癌の転移について考えていた』自分に気づくことができた」と述べております。ここでは「環融体験」を通して「癌転移に対する不安」への執われを離れることができています。また一〇回目の日記は「かくあるべし」という執われ（思想の矛盾）が報告されますが、このような葛藤は同回の箱庭表現にも認めることができます。そして一〇回目の日記においては「八ヶ岳連峰の山並みに見とれるばかりである。そうすると短時間であっても『職場の事などどうでも良い』」と我に帰ることができるようになります。以上のような面接室での体験や日常生活での体験を通してクライエントの症状は寛解していきます。

第三期では、クライエントの「かくあるべし」という森田でいわれる「思想の矛盾」も弱体化していきます。そして箱庭表現を通して「純な心」を体験できるようになります。「純な心」を通して「生の欲望」も芽生えてくると言われています。たとえば、第一三回の箱庭では、箱庭に意図せず置いた川をはさんだ農村の風景から、子どもの頃の記憶が懐かしい感情を伴って蘇ってきます。

このときの気持ちこそが「純な心」に相当する感情です。

また、第一五回の箱庭表現には中心に池と池の中心にカエルが置かれましたが、そのカエルを見て、ここでも子どもの頃のある瞬間の記憶と感情が蘇ってきます。それは、子どもの頃に池にいた一匹のカエルをじっと眺めていたら出てきた、「生きている動物」への驚きと「命」への畏怖に似た感情でした。この時クライエントに「生の欲望」が賦活します。そして日常生活においても「命」の教育の実践がはじまります。最後の箱庭は中心からリンゴとそれを囲む円、さらにはそれらが四方から取り囲まれます。このように中心が円で囲まれ、さらにそれを取り囲むように四隅が作られる構成は「曼荼羅表現」そのものと考えることができます。なお、「中心化」は曼荼羅に向かう前段階とも言えます。クライエントはこのような箱庭表現を通して、さらに創造的な日常生活へと復帰していかれました。

最後に森田神経質についての説明をいたします。森田神経質は現代までの診断基準では不安障害、抑うつ神経症、身体表現性障害等とよばれてきた神経症圏の疾患を意味します。ただし、森田神経質には疾患の意味以外に、「パーソナリティの傾向性」をも含む概念です。森田神経質は森田が分類した神経質の概念を、後継者たちが「森田神経質」とよぶようになったのです。

森田神経質をパーソナリティの傾向性から見ると「心気的であり（注：心気的とは些細な身体の違和感に対しても過敏になる傾向性を意味する）、自己中心的であり、内向的であり、完全癖、心配性等を特徴とします。今回のBさんに典型的に見られる性格傾向であると考えられます。それ故にBさんは二〇代の時に入院森田療法の対象となったのです。瞑想箱庭療法は森田療法と同じように症状への執われを離れる事を重視しますが、Bさんのおっしゃったように、強靱な意志や行動はあまり必要としないところに特色があります。それはこの療法が、意志的で「自力」的傾向が強い従来の森田療法とは異なる「他力」的な療法である所以《ゆえん》です。

（3）事例三――境界性パーソナリティ障害と診断された成人女子の事例

事例の概要

クライエント：C子さん（年齢三三歳、演劇活動従事）

主訴：不安、抑うつ、激しい怒りと空虚感。特に他人から共感されると激しい怒りが出てきてしまうとのことです。

診断：二箇所の精神病院での診断は「境界性パーソナリティー障害」

現病歴：現在演劇活動に従事しているが、慢性的な抑うつと空虚感と怒り、不安に苛まれ、つい過剰な飲酒をしてしまう。

問題の経過と現病歴：幼稚園時代より他の園児とうまくコミュニケーションがうまくとれないとのことがあり、小学校時代も不登校に陥ることが多々あったそうです。中学、高校時代は私立女子一貫校に通い、その後某私立大学の心理学科に現役で合格されますが、二年生の時に中退されたそうです。中退後は性風俗店に勤めながら劇団活動に従事されていましたが、二四歳の時に「様々な国の人間の事をもっと知りたい」という希望から一人でアメリカ、ヨーロッパをヒッチハイクされました。しかし、二五歳の時に同棲中の男性に対して激しい暴力をふるい警察沙汰になってしまいます。その時は精神病院に緊急入院させられたそうです。入院先の精神科の診断では「境界例」でした。退院後も演劇活動を続けられますが、二八歳の時に新たに同棲を始めた男性に再び暴力をふるってしまいました。そして男性がC子さんから逃げるように遠ざかると今度はストーカー行為を繰り返し、相手の男性との乱闘の仲裁に入った警察官にも激しい暴力をふるってしまったそうです。この時も緊急入院させられ今度は閉鎖病棟に一ヶ月近く強制入院させられます。ここでの診断は「典型的な境界例、軽度の発達で障害」とのことでした。退院後はその病院の精神科や民間のカウンセリング機関で心理療法を受けられましたが、どこのセラピストとも相性が悪く暴言、暴力等で中断して今日に到っているとのことです（以上はクライエントの許可のもとで母親から伺ったことです）。

来談経路：母親からの紹介で来談されました。母親は、筆者の著書を読んで「積極的に治療しない」というところに注目した友人に当心理相談室を紹介されたとの事です。クライエント本人はあまり乗り気ではなかったようですが、「クライエントの過去の出来事や人間関係等」を聞かれない。セラピストがクライエントの心の中に入ってこない（侵襲的でない）という心理療法に関心を持ち来談されたそうです。

家族構成：弟と母親との三人家族。父親はクライエントが高校生の時に離婚。クライエントは二〇代より独り暮らしを続けています。

臨床像：マスクをしているためか顔の表情は充分には分からないが、強い香水とオーデコロンの匂い、そして派手なメイド服が印象的でした。

事例の経過：全一一回の面接を便宜上前期と後期に分けました。

第一期　環融体験・環融空間の成立期

第一回（X年二月某日）

ＣＬは初回にもかかわらず四〇分も遅刻されました。強烈な香水の匂いと派手な服装が印象的でした。ＴＨは遅刻の理由も特別に尋ねる事もなくここで行う心理療法はカウンセリングではなく、瞑想箱庭療法であることと、瞑想の方法などについて一通り説明いたしました。そして、砂箱に案内して「今後は瞑想の後はこのアイテムを用いて箱庭を置いてください」と伝えました。その時に突然、ＴＨとＣＬの視線があってしまいました。するとＣＬの目つきが激しい怒りの形相になりました。さらにＴＨを徹底的にこきおろす侮辱の目つきに変わりました。その目をみてＴＨは心底怖くなりました。実際に身震いするほどでした。そこで、早急に瞑想に入るようにお願いして瞑想の体勢に移りました。ところが瞑想中のＴＨは先の恐怖心やＣＬの事など忘れて、眠るような深い瞑想に入れたことが不思議でした。箱庭終了後、ＣＬは初めて「瞑想って案外簡単にできるものですね。初めてですが気持ちが良かったです。それから私のこれまでの事などは母から聞いてください」と言われました。その時CLの目つきがとても穏やかになっていました。箱庭には、雑然と自由の女神や城、家、若い女性などが置かれていました。CLは「何をおけば良いのか分からなかったです」と言われました。「思い出のニューヨーク」という題名をつけられ、特に心惹かれた領域も写真に撮られました。そして「私はこれでも一応心理学科に在籍して、臨床心理士を目指した時もありました。箱庭療法は良く知っていました。けれどもうまく置けませんでした」とも言われました（写真1）。

その後CLは約束した日時にも来所されず、二ヶ月近くが過ぎました。THは、心理療法の中断を確信しましたが「そんなものか」と自分に言い聞かせました。二ヶ月の間はほとんどCLのことは忘れていました。ところが二カ月後、突然CLから「来所したい旨」の連絡がありました。THは二ヶ月間の空白について、全く取り上げる事もなく、一応予約を了解しました。

第二回（X年四月某日）

今回もCLは三〇分遅刻して来所されました。THは遅刻のことは取り上げず「最近の状態はいかがですか？」と尋ねると「全く変化ありません。ここでやっていることにあまり意味があるとは思えません。それでも瞑想は気持ちが良いので来ました」と言われました。瞑想箱庭療法ではTH

は今回も深い瞑想に入り、うとうとすることができました。ＣＬは「今回もまずまず瞑想に入ることができました」と言われ、箱庭には川を挟んで怪獣の領域と動物の領域が置かれ、「戦い」という題名がつけられました（写真2）。

第三回（X年四月某日）

ＣＬは今回も電車を乗り違えたといって三〇分ほど遅刻されました。そして「不安や落ち込み、怒りはあってもお酒で紛らわせています。もちろんに、孤独感とむなしさはあいかわらずです。……ところで、ここでやっていることは心理療法ではありませんね。仏教でしょう。似たようなものをネットでみました」と突然言われました。ＴＨは「まあ、それに近いでしょう。けれども瞑想箱庭療法では何の悟りも得られませんよ」と言って、早々に瞑想に入りました。その時ＣＬもまた私の言葉に全くためらいなく瞑想に入られました。今回ＴＨは自分がどこにいるのか分からなくなるほど深い瞑想に入ることができました。ＣＬは「まずまずです」と言われ、それなりに満足されているようでした。完成された箱庭を眺めてみると前回までと異なり「綺麗な表現」になったような印象を受けました。中心には湖、船が置かれ「魔法の国」という題名がつけられました（写真3）。

第四回（X年五月某日）

写真１　思い出のニューヨーク

写真２　戦い

写真３　魔法の国

CL今回もまた「電車を乗り間違えた」と四〇分ほど遅刻されました。THが「いかがですか?」と尋ねると、CLは「『いかがですか』と毎回聞かれるのが不愉快です」と言われました。そして「気分は落ち着いているけれど、嫌な客がいて、こちらがプレゼントをもらうと店外で会い、その後も性的関係を持てると勝手に思っているのです。こちらも好きになったり嫌いになったりする気持ちはあるのに……」と甘えるように語られました。そこでTHは「どの仕事、どの世界でもいろいろあるんですね。本当に大変なことですね」と他人事のように言い、その後は不問に徹して瞑想に入りました。クライエントもまた話題をそれ以上深めようとせず、瞑想に入られました。THは今回も深い瞑想に入ることができました。CLは「だいぶ瞑想に入ることに慣れてきました」と言われ、箱庭には右上には埴輪や土偶、鬼などを雑然とした領域に置かれました。そして「生きるのが下手な人と上手な人」という題をつけられました（写真4）。

第五回（X年五月某日）

CLは今回も二〇分遅刻して来所されました。そして「この療法が怒り、いらいらなど、感情的な部分というか心の中というかそういうものを全く相手にしない方法ということが分かってきました。これまで受けたカウンセリングと全く違いますね。確かにここにいることだけで楽になります」と言われました。THは「まあ、そういうことでしょうね。自分を忘れる事だけです」と応えました。するとCLは「自分を忘れる。へえ難しい……」とため息をつかれました。そこでTH

写真４　生きるのが下手な人と上手い人

写真５　楽園

「誰でも気がつくと自分のことなど忘れていることが多くあるものですよ」と言って瞑想箱庭療法に入りました。今回もＴＨは深い瞑想に入ることができました。ＣＬは「まずまずです」と言われ、ハンバーガーなど食べ物が置かれたことが印象的でした。「楽園」と題する箱庭が置かれました（写真５）。

第六回（Ｘ年六月某日）

ＣＬは今回も三〇分遅刻して来所されました。そしてＣＬは「コロナ禍で演劇の仕事は減りましたが何とかバイトでしのげています」と言われました。そして、すぐ瞑想箱庭療法に入られました。ＴＨは今回も深い瞑想に入ることができました。ＣＬは「瞑想していると、普段考え事をする自分、怒ったり、虚しくてやりきれない、寂しい自分とは別の自分が出てくるようです」と言われ「個性」と題する箱庭を置かれました。そして、初めて「この部屋はとても明るいですね。花瓶の花は誰が選ばれるのですか？」などと丁寧に言われました（写真６）。

第七回（Ｘ年六月某日）

ＣＬは今回は一五分ほど遅刻されてきました。

ＣＬは「最近不安やらいらいら、怒りが少なくなっています。演劇の練習中も他の嫌な事を考えずに集中できるようになりました。劇はくだらない『どたばたもの』ですけれどもそれなりの楽し

写真6　個性

写真7　主役

いものです。お酒の量も減りました」と言われました。THは「よけいな事を考えたり、気分に執われることが少なくなられたのでしょう。五感で感じた事と瞬間の閃きのようなものを大切になされれば良いのでしょうね」と応えました。それに対してCLは「直感を頼りにするということです」と言われました。CLの適切な反応に驚かされました。そこでTHは「その日の五感で感じた事、心に残ったことを一行でも日記に書かれたらいかがでしょうか?」と提案しました。

瞑想箱庭療法では今回THは初めて瞑想中に身体がむずがゆくなるような体験をしました。ドロドロしたモヤのような性的な衝動のようなものが霧のように吹き出してきました。ところが続いて、それを振り切るような心の深いところから強い意志が生まれてくるような不思議な体験でした。

完成された箱庭を眺めると、箱庭は整然と整えられ、中心に置かれた女性が置かれ、その女性のアイテムが面接室の窓から差し込んでくる光に溶け込んでいるような印象を覚えました。CLは「今回は初めて心の中のモヤのようなものがなくなり、中心に綺麗な女性を置くことができました。瞑想していると突然深くなります」と言われました。そして「ここ(面接室)がとても明るく、私独りがこの場にいるような不思議な感じがします。箱庭の題名は『主役』です」と言われました(写真7)。

第二期　症状の寛解と、怒り、寂しさや空虚感を受容できるようになる時期

第八回(X年七月某日)

ＴＨは今回も定刻通りに来所されました。そして「最近、いらいらすること、落ち込むことなど以前ほどではなくなりました」と言われました。ＴＨは「それは良かったですね」と言って瞑想箱庭療法に入りました。瞑想中のＴＨには前回のような「布置」の体験は全く起こらずに深い瞑想に入ることができました。ＣＬは「今回も深い瞑想に入ることができました」と言われました。箱庭には前回のような女性が中央に、その背後にもう一人の女性、家なども置かれていました。「表彰式」という題名がつけられました（写真8）。

そして「箱庭の世界に自分がいるような感じがします。この部屋全体が箱庭のようです」と言われました。

第九回（X年七月某日）

ＣＬは「日記を持ってくるのを忘れてしまいましたが、最近、怒りや空しさなどが、たとえ出てきてもすぐに消えていくのが不思議です。寂しい気持ちも演劇の仕事がどんどん増えてきたのであまり感じません。それでも、私の過去の様々な出来事を劇団関係の人が覚えていて、いろいろと噂されると気分が重くなり、投げやりになってしまいます。一応世間から外れた集団でみんなそれぞれ過去があるのに、ここでも評価があるのです。こんなにも過去の自分に惨めさや恥ずかしさを感じ嫌な気分に落ち込むことは初めてです」と自信なげに語られました。にも関わらずＴＨには極めて現実的な苦悩のように聞こえました。そしてＣＬから「そういう時にはどうしたら良いでしょう

写真８　表彰式

写真９　いつでも逃げることができる

か？」と聞かれました。ＴＨは「そういう気持ちが戻ってくることも自然の成り行きだと思います。嫌な気分のままで、原因などを追求したり、妙な反省をしたりせずに、その瞬間に視界に入ってくるもの、音、匂いなどに注意や関心を向けられたらいかがでしょうか。また、その瞬間に感じた方向に身体を動かされたら」と応えました。するとＣＬから「気分が落ち込んでいる時に、今の瞬間の感覚や身体の動きなどに関心持つ余裕がありませんよ」と言われてしまいました。ＴＨは「関心を持つという積極的なことではなく、もっと受け身で気がついたら『見えている』『聞こえてくる』『身体が自然に動いてくる』ことに気づくことです。『瞬間的に視界に入ってくるもの、耳に聞こえてくるもの』ということでしょうか？　ただしそういう気づきの体験ができなくても気にしないでください。気がついたらできているものですから。それまで待つだけです」とお応えしました。ＣＬは「なるほど。なんだか先生の話を聞いていると、もうどうでもよくなりますね」と言われました。瞑想箱庭療法では今回もＴＨは深い瞑想に入れました。ＣＬは「今回はとても気持ちが良かったです」と言われました。箱庭では中心に池が作られ、そこに二つの椅子が置かれました。そして、池の近くにはリンゴが置かれておりました。ＣＬは「『いつでも逃げることができる』という題です」と説明されました。そして「今箱庭を置いてみると自分の感情から逃げられること。他人から押し付けられる感情からも逃げられることが体感としてわかります。どうしてそうなるのかよく分かりませんが……」とつぶやくように言われました（写真９）。

第一〇回（X年八月某日）

CLは今回初めて、別人と見間違えるほど、ごく普通の服装（ジーパンにTシャツ）で来室されました。また、オーデコロンの香りもほとんどなくなりました。そして「日記を書いてきました。演劇活動が忙しくなり、不思議と自分の役や仕事が増えて充実しています」と言われました。以下の日記が報告されました。

（日記一）
七月某日
起床：一一時
午前の行動：「大住心理相談室」
午後の行動：友達の店に顔を出した。そして夜はスポーツジムに行った。
（本日の感想）
相談室のあるS駅の駅前に咲いている野の花がとてもきれいに見えた。T店の餃子が格別に美味しかった。友達の誕生日プレゼントを選んでいる時に気がついたら我を忘れて没頭できていた。時間を忘れた。

（日記二）
七月某日
起床：九時三〇分
午前の行動：劇団の打ち合わせと劇の宣伝文を作ってズームで配信した。
午後の行動：劇の小道具などを買うために雑貨店に行った。
（本日の感想）
自転車に乗っていると風がとても気持ちが良かった。夜食に食べた台湾唐揚げとドーナツの油濃さがとても美味しかった。配信中はミスがないように集中した。

（日記三）
七月某日
起床：八時三〇分
午前の行動：洗濯をした後に友人の舞台を見に行った。
午後の行動：ジムに行きその後午前二時近くまで夜のお仕事をした。
（本日の感想）

本日は友人の舞台がとても良かった。友人の舞台を見ていると自分もこれまで演劇をやってきて良かったと思った。今感想を書いていて気づいた事だけれども、舞台を見ている時には自分を忘れることができた。舞台を見ている時に自分と友人とが入れ替わり自分が劇を演じているような不思議な体験をした。

以上の日記に対してＴＨが「日記の内容はとても分かりやすいです。自分であまり努力しないで、気がついたら物事に集中できていたような体験を大切にされたらいかがですか」と感想を伝えると「分かりました。それから最近気がついたことですが、周囲が見えるようになったというか、気分で他人を察するのでなく、他人の行動や様子が自然に目に入って来るようになりました」と言われました。瞑想箱庭療法ではＴＨは今回も深い瞑想に入ることができました。箱庭では中心に山が作られ、周辺にシンデレラ、リンゴ、のび太などが湖を背にして置かれました。ＣＬは「『周りを見てから』という題をつけました」と言われました（写真10）。

第一一回（X年八月某日、最終回）

ＣＬは「演劇の仕事が増えて悩んだりする閑がないくらいです。不安やうつはほとんどありません。仕事にいやが応にも注意や関心を向けざるをえなくなっています。空虚感とか寂しさとかは少なくなりましたが、周囲からの評価は気になってしまいます。過去の恥ずかしい記憶です。周りが覚えていて噂されることが気にいりません。けれどもそういう事も仕方がないのかもしれません」と言われました。THは共感的に聞きながしました。するとしばしらく沈黙された後、CLの方から「過去や未来よりも今の仕事が大切ですね。そう思える瞬間を大切にしたい。たとえその時だけであっても」と言われました。THは「なるほどね」と頷かざるをえませんでした。今回も日記が報告されました。

〈日記四〉
七月某日
起床：一二時三〇分
就寝：午前四時
午前の行動：洗濯
午後の行動：お笑いライブの出演。その後劇団関係の打ち合わせ
〈本日の感想〉
部屋に置いた芳香剤のおかげで部屋中が良い香りになった。お昼に食べたお寿司が美味しかった。お笑いのライブやネタ合わせに集中できた。

（日記五）
起床：九時三〇分
就寝：午前五時
午前の行動：大住心理相談室に行く。
午後の行動：コントの練習。部屋を片付けて洗濯して腹筋三〇回。劇団関係のメールの整理を行った。
（本日の感想）
外の風も電車の冷房も涼しくて快適だった。ニラ玉野菜と餃子が美味しかった。
毎回の事だが掃除機をかけると気分がすっきりした。今日はコントの猛練習に集中できたというよりも気がついたら集中していた。さらにゲームも楽しかった。

（日記六）
気象：五時三〇分
午前：コントの練習に行った。
午後：kオブコントの一回戦を行った。それから劇団のワークショップに参加した。

写真10　周りを見てから

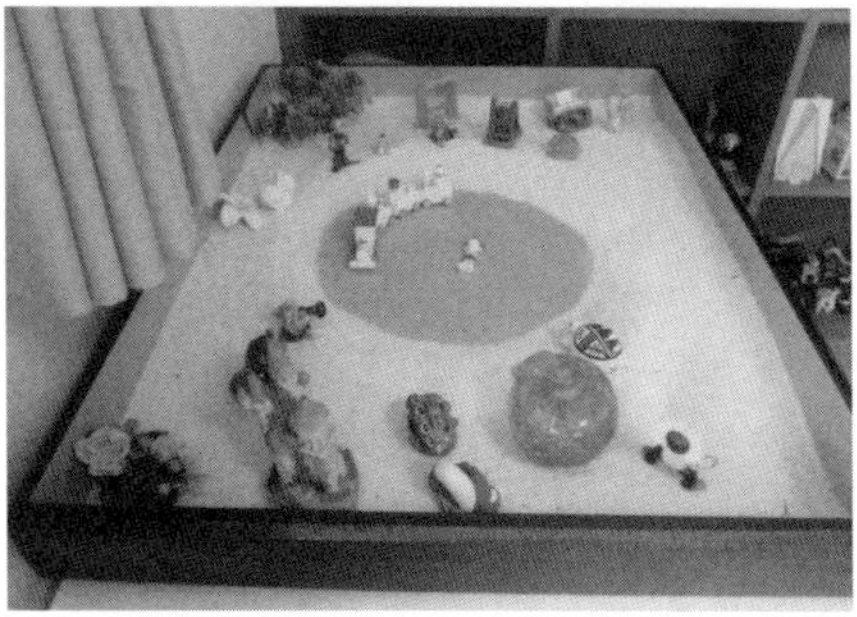

写真11－A　のびのび

写真11－B　のびのび（拡大）

（本日の感想）
カーテンを開けたら朝になっていた。太陽の光で目が覚めてとても気持ちがよかった。生まれて初めてというと大げさだけれども、太陽の光に気づかされた。

以上の日記に対してＴＨは「美味しい食事など味覚の体験がこちらに伝わってきます。それから集中は努力や習慣によって身につくものではなく『気がついたら集中していた』という受動的な体験を大切にされればよいのでは」と感想を伝えました。するとＣＬは「そうですね。私は『がんばろう』とか『習慣的に続けよう』とか、これまでできもしない自分の力を信じすぎていたように思います。実際にダイエットなど続いたためしがありません」と言われ、ＴＨの方が驚かされました。

瞑想箱庭療法ではＴＨ自身が「どこにいるかわからない程深い」瞑想に入れました。ＣＬは「今回は本当にゆったりと瞑想することができました」と言われました。箱庭では中心に池に仰向けに寝ているのび太が置かれ「のびのび」という題名がつけられました。そしてＣＬは自分で置いた箱庭を見て「おおっ……意図せず以外なものが置かれていた。自分ながら驚きました」と言われました（写真11－Ａ、11－Ｂ）。一応仕事が多忙になったことと主訴の症状の寛解から今回をもって本人との話あいで心理療法を終了しました。ただし「ご希望なら二～三ヶ月後に連絡して近況の報告も瞑想箱庭を実施することは全く問題はありません。この場所はなくなりませんよ」と伝えました。ＣＬは「それではいつか近況報告とともに瞑想箱庭療法に伺います」と嬉しそうに言われました。

そして三ヶ月後来所され「トリップ」と題する箱庭が置かれました。CLは演劇だけではなく映画出演も決まったそうです。

考察

本事例の「環融体験」・「環融空間」は前期第七回に「布置」の体験とほぼ同時に成立します。この回ではまず、セラピストが瞑想中に身体のむず痒さとともに性的衝動が突然霧のように吹きでてきますが、セラピストの深層から「強い意志」のようなものが自然発生してきます。そして、セラピストは深い瞑想に入っていきます。するとクライエントの「瞑想が突然深くなり、初めて心のもやのようなものがなくなりました」という体験をされます。以上のようなセラピストとクライエントとのイメージを通した共鳴は「布置の体験」と考えることができます。この時にセラピストもクライエントもさらにはアイテムまでもが面接室の窓からの光に溶け込んでいるような体験をします。以上の体験から「環融体験」「環融空間」の成立を窺うことが可能です。

また、この回の箱庭の題名は「主役」であり、クライエントの自己（セルフ）が中心の女性として象徴的に表現されたものと考えることも可能です。それ故にクライエントの「象徴体験」を窺わうことができます。日常生活でも実際にこの回を境にクライエントの面接時間への遅刻もなくなります。「瞑想箱庭療法」への自発的な取り組むが進んできます。

それにも関わらず、後期、第九回目からクライエントは「過去の恥ずかしい体験、関係」等を思い出し嫌な気分（おそらく抑うつ気分）に執われます。ただし、今回クライエントの落ち込みは、これまでの「境界例」の症状に直接的に起因する「慢性的なうつ症状」とは異なり、クライエントが現実の生活をリアルに直面できるようになったことでの「心理的な葛藤」を背景にしているものと推測されました。その時にセラピストはクライエントに対してあえて過去に直面させようとせずに「自然な事」として受け流し「嫌な気分に陥ったときに五感を外界に向け、身体が自然に動く方向に動く」ことを支持します。クライエントが自らの認知を変えるために「今この時、この瞬間」に注意を向けることではなく、気がついたらそうなっていた（『場』の力によって五感が開かされていた）という体験を大切にすることにあります。それ故クライエントにとって大切な事は、あえて、「～すれば～なる」を期待するのではなく、「環融空間」の成立を待つことでもあります。それは、自分の力で何とかしようという企てへの諦観を伴うものですが、この諦観こそが瞬時「環融体験」へとクライエントを誘い、「環融空間」を成立させていく根拠にもなるものと考えられます。また、九回目の瞑想箱庭では、クライエントは深い瞑想に入ることができるとともに、箱庭ではクライエントは中心に湖を作り、そこに椅子を二つ置いて「いつでも逃げることができる」と題名をつけます。そして「自分の感情や他人の感情から逃げること」が説明できませんが「今ここで箱庭を置くことで体験的にわかってきました」と言われました。

ここでの体験も箱庭を置くという行為を通してこの時、この場でのクライエントの象徴体験として理解することが可能です。そしてその体験と同時に自分自身を俯瞰することができたものと考えられます。

以上の過程を通して第一〇回目でクライエントは、来談時に別人と見違えるほどごく普通の服装で来室されるようになります。そして、この回から日記を報告されるようになります。日記を通して、たとえば（日記三）の「友人の舞台を見ている時に自分を忘れていた事に気がつくとともに、自分と友人とが入れ替わってしまう」ような体験をします。このような体験からはサトルボディの体験を窺うことが可能です。日常生活での「環融体験」と「環融空間」の成立を推測することができます。また、最終回での（日記六）の報告での「太陽の光で目が覚めた。大げさだけれども生まれて初めて太陽の光に気づかされた。周囲がこれほども明るいのかと瞬時感動した」という体験もされます。また、最終回での箱庭表現では中心に湖とそこに仰向けに寝そべる「のび太」を置かれますが、「全く意図せずにのび太を置いてしまった」と説明されます。ここでの箱庭表現も「中心化」であると考えることができます。

ここで述べた瞑想箱庭療法の体験を通してクライエントは自身の性格の傾向性との付き合い方も身につけられたのではないでしょうか？

一般的には「境界性パーソナリティ障害」の心理療法では精神分析療法が多く用いられています。そしてクライエントの病理理解のために、精神分析学的発達論に基づいて、そこでの病理の原因をクライエントの乳児期の体験に求めます。特に乳児期の母子関係を取り上げております。代表的にはメラニークライン（一八八二〜一九六〇、オーストリア生まれの精神分析家）、M・S・マーラー

（一八九七〜一九八五、ハンガリー生まれの精神分析家）、O・F・カーンバーク（一九二八〜現在、アメリカの精神分析家）などがおられ、彼らの説の多くが境界性パーソナリティ障害はクライエントの多くが乳幼児期の安定した母子関係を保てなかったために原始的な防衛機制を思春期以降も用い、そのことで他者に対する認知と情動のゆがみから思春期以降の「慢性的抑うつ」「不安感」「対象の不確実性」「慢性的虚無感」「激しい怒り」などが生じてくるものとしております。どの理論も論理的かつ思弁的で、徹底的に因果的であるが故に「なるほど」と納得できる内容を持っています。そしてセラピストはクライエントの存在のすべてが分かったかのような自己愛に満たされ、クライエントの個別な生をその理論の枠に半ば無意識的に当てはめていきます。

心理療法ではセラピストはクライエントの転移や防衛機制を観察しつつ、クライエントとの間に良好な転移関係を作り、クライエントの洞察を深めさせることを治療の目的としているようです。実際に筆者も精神分析のトレーニングを受けて、以上、対他的な精神分析的な心理療法を試みたこともありますが、筆者の精神分析に対する訓練と理解が浅薄だったためか一度として上手くいったためしがありませんでした。しかし、うまくいかなかったもうひとつの単純な理由は、ひとつの理論でクライエントの内界を理解できると思う過度の自信とそれを背景にした偽善的な共感性、そしてそれと裏腹な極めて冷静で冷酷な侵入性にあると考えています。クライエントはそれを逆手にとってセラピストを振り回してきますが、それはクライエントにとってはすこぶる自然な行為とも受け取れます。大切なことは、以上の人間関係が生じてしまうこのような心理療法の構造（対他的関係性）そのものにも問題があるのではないかと推測しております。

今回のクライエントさんは比較的軽度の境界例で発達障害の部分も合わせ持つといわれましたが、セラピストが積極的に治療しない態度を貫き、クライエントさんが「現在の苦悩のままで生活しながらも、そこに光とささやかな幸せを見いだしていかれている」ことは事実です。大切なことは、病理の解明やクライエントの心理的操作方法ではなく、「目の前にセラピストには絶対に理解できないもうひとり他者が存在している」という事実への驚きであり、その二人の瞑想に「環融体験」と、「環融空間」からの「他力的なはたらき」だけです。「他力的なはたらき」とは「環融空間」の中、箱庭における「象徴体験」、「布置の体験」、「サトルボディの体験」であり、日常生活において瞬時成立する「環融空間」とそこでの感覚的な気づきです。その時にクライエントは「症状」や「それに関するネガティブ」な感情から解放されています。これは「執われ」を離れるということです。なお「他力のはたらき」のような実感主義に基づく体験に対して、それがたとえ「気づき」であっても、そのような感覚的な気づきは抽象的認識――たとえば一般の心理療法で言われる洞察に至ることはないではないか――という批判があるかもしれません。けれども、感覚的体験もくりかえして行い、その体験の感じを心にとどめることで、ある程度の言語化や抽象化は可能になっていくと考えます。

（4）事例四——発達障害（ＡＳＤを併存させている重度のＡＤＨＤ）で「うつ病性障害」の成人女子の事例

事例の概要

クライエント：Ｄ子さん（心理療法開始時二五歳、無職）

主訴：抑うつ気分と希死念慮

診断：主治医からの診断は発達障害（ＡＳＤを併存させているＡＤＨＤ）で二次障害としての「うつ病性障害」

家族構成：父親（剣道師範、道場経営、五二歳）母親（パート勤務、五〇歳）本人、妹（高校生、一五歳）

生育歴と現病歴：幼児期より多動傾向がありました。三歳で幼稚園に就園するが母子分離不安により集団行動を拒絶し、就学後は忘れ物が多く、物事に集中することができなかったということです。小学校四年生頃から周囲から孤立していじめを体験して不登校気味になります。周囲や家族からの無理解のために、小学校六年生の時に包丁を喉に突き立て自殺未遂を図ります。その時父親は涙を流しながら「どうしてお前は、そんなに弱いのだ。なぜ、努力して強くなろうとしないのか。なぜ弱い心に勝てないのか」とクライエントを叱ったそうです。父親の涙を見たのはこの時が初めてだったそうです。

後年はこのような父の態度を嫌悪するようになります。

中学入学後は吹奏学部に入部しましたが、ここでも他の部員とのコミニュケーションがうまくいかずに抑うつ傾向や強い焦燥感に執われることが始まるとともに、過去の体験へのフラッシュバックが頻繁に起こるようになります。そして、これまで自分が両親から理解されてこなかったことに対する怒りから、家庭内暴力も始まります。そして再び不登校に陥ります。それにも関わらず、比較的少規模で静かな環境にある私立の女子高に入学してから症状は落ち着きます。高校時代は文学、哲学、仏教などの関心を持ち図書室では読書に集中できるようになります。また、油絵も習い始めます。そして、大学は独文科に入学し、ドイツへの留学なども経験します。しかし、公務員試験に合格して卒業後は市役所に勤務したものの、再び他の職員とのコミニュケーションがうまく取れず、「抑うつ状態」や激しい「怒り」「希死念慮」、「過去の体験」へのフラッシュバック等に陥り、精神科に通院し、市役所は退職します。その後は骨董関係の仕事に就きますが、状態はさらに悪化して自殺未遂を起こし、市販の睡眠薬等を大量服薬して緊急入院に到ります。なお、精神科へは二年通院しましたが、そこでの薬物療法の効果はほとんどなく、認知行動療法を実施する心理療法センターなどにも通院します。一応認知行動療法により、フラッシュバックは多少は減少したとのことです。その後は、「発達障害」専門の精神科に転院して、そこで「発達障害」の診断と障害者手帳を受け取るがことできました。しかしあいかわらず「激しい怒り」「抑うつ」状態と「希死念慮」は続いており、本人が仏教に関心があるとのことで「寺の中にある」当相談室を主治医から紹介されました。（なお、ＡＳＤについての詳しい説明は次章で共著者の朝倉先生がされますので、ここでは省略させていただきます。）

臨床像：コロナ禍でもあってマスクを着用され地味な服装で終始うつむきがちでした。

面接の経過：便宜上、前期、中期、後期の三期に分けました。

第一期　「環融体験」が成立する時期

初回予定日は母親の運転で来所の予定でしたが、母親が高速道路の出口を間違えたことでＣＬが逆上して面接が中止になりました。

第一回（Ｘ年九月某日）

面接室に入って来られたＣＬはうつむいたままで、いかにも陰鬱で不機嫌そうな態度でした。そこでＴＨは瞑想箱庭療法の説明に移りましたが、ＣＬは私の説明にはほとんど興味も関心も示さず面倒そうな雰囲気を漂わせておられました。そこで仕方なくＴＨは「ここ一週間はどんな状態でしたか？」とおそるおそる尋ねてみました。すると、堰を切ったようにＣＬの口からから言葉があふれ出てきました。

「ここ三〜四日は何とか普通の状態を保っています。一週間前はひどい状態でした。某駅で買い物をした時に市販薬を購入して、それを大量に飲みましたが逆に眠れなくなり、家でぼーっとしてただ一点を眺めているだけでした。そして被害妄想、過去の記憶へのフラッシュバックに襲われたりしました。さらに変な心のスイッチが入ってしまい、今度は大泣きしながら再び違う種類の市販薬に手を出してしまい自殺を図りましたが、嘔吐を繰り返すばかりで、なかなか死ぬことができませんでした。死んだ後の自分の死体の後始末のことなども考えてしまいます。孤独死を選びたいがなかなかできない。頼むから放っておいてほしい。もしこのまま死なないのなら、生きるための理屈や根拠が欲しいです。……自分のことが信じられません」と語られました。THは半ば瞑想状態で共感しながら聞き流しました。そして瞑想箱庭療法に案内するとCLはためらわずに応じてくださいました。

瞑想箱庭療法でTHが瞑想に入ると突然美しい錦絵（鈴木春信、一七二五〜一七七〇）の描く絵のイメージが出てきました。あまりにも、ここでのCLのエピソードと関係のないイメージに驚きました。やがて箱庭終了の合図とともにCLの置いた箱庭を眺めると乱雑の中にも中心に置かれたリンゴが美しいという印象を持ちました。なお、THはCLが油絵を習っていて、日本の浮世絵では「鈴木春信」の錦絵に関心があることを、その後に聞かされ驚きました。

CLは箱庭に「知恵の実」という題名をつけられました（写真1）。初めての瞑想箱庭に感想を尋ねると「特にない」とのことでした。次回から日記について提案しましたが「私は他人から言われて何かを日常生活ですることはとてもおっくうです」と断られました。

第二回（X年九月某日）

今回もCLは非常に陰鬱な雰囲気で入室されました。そして席に着くやいなや、「ひとつ伺ってもよろしいですか？　先生は真宗の寺の住職ということなので、『歎異抄』について教えてくださいい」と言われました。THは宗教と心理療法とを混同したくないので「そういう話は別の機会にいたしましょう」と応えました。するとCLは「私にとっては生き死に問題です。そういう問題をも取り扱うことが心理療法なのではありませんか？」と言われました。そこでTHは「それでは知っている範囲の体験的知識でしかお応えできませんが……」と一応お応えしました。するとCLは「ひとつ伺いますが、『歎異抄』あるいは真宗では人間の意志、善意、努力を一切認めないという意味で人間や世界に対する絶望から出発しているのでしょうか？」と質問されてこられました。THは「確かに『絶対他力』ですので、人間の意志、努力、修行は一切認めないことは確かですし、それらが不必要ということではなく、そうした事への絶望から出発しているということからでしょう。……ただし、私自身の意見ですが、こういう内容が教義になることには反対です。教義とは宗教や宗派の理念のことですが、このような内容は各個人の体験によって異なるわけですので、一つの観念や結論、価値観として固定化すべきではないと思います。……」とお応えしました。するとCLは「祖母の実家が寺なので今言われたような教えは聞いたことがありますけれども……。そう言えば、私の父親の事ですが、父は人間には絶望が存在することを知らないようです。小学生の時に自殺未遂した私に対して『甘ったれるのもいい加減にしろ。何で現実と戦わないのだ。なぜ強くなろうとしない』などと逆に涙ながらに真剣に説教されてしまい、私はただただ泣くしかありませんでした。母はそれでも多少は分かってくれたようですが、やはり深いところでは分かりあえていません。仕方ないと思います。妹とも全く口をきいておりません。人はどこまでいっても一人であることと絶望ということの意味を自分なりに言葉にできたのは大学に入ってからです。まだ自分でも充分に理解できていません。大学在籍中はそんな事ばかりを考えていました。……それでも在学中にひとつだけ良いことがありました。ドイツに短期留学をした時の事です。最初は言葉が全然分からなくて動揺していたのですが、ある朝ステイ先の方がこちらに微笑みかけてくださった瞬間微笑み返したのです。そうしたらその時からドイツ語が分かるようになったのです。本当に不思議な体験でした。けれども、帰国して就活問題が出た時から再び気分の浮き沈みが激しくなってきたのです。就職もうまくいかず、全く世間に通用しない自分に気がついたのですが、それが絶望の体験などにはならずに、生まれてこなければ良い、死んでしまいたいと思うようになりました。今もその思いは強いです。辛いです。死んでしまいたいです」と言われました。THは以上をひたすら瞑想しながら聞き流しました。

瞑想箱庭療法ではTHは充分に瞑想入ることができませんでした。CLの話にたとえ傾聴しなくても影響されたのかもしれません。箱庭が終わると、今度はCLの方から「充分に瞑想に入ることができずに自分で勝手に物語りを作り箱庭を置きました。『意味のないパレード』という題です」と言われました。箱庭には砂に埋められた仏像、十字架を背負うキリスト、倒れた電話ボックスな

写真１　知恵の実

写真２　意味のないパレード

どが雑然と置かれていました（写真2）。

第三回（X年一〇月某日）

今回もCLは陰鬱な雰囲気を漂わせて入室されました。そしてしばしの沈黙の後「おとといから鬱がひどくなり死にたくなったので、以前通っていたクリニックからもらった抗不安薬を大量に飲んでしまいました。その時には陶酔感があり、夢見心地で一日ぼーっとしていました。食事も摂りませんでした。ツイッターで反出生主義についてつぶやいたら賛同者がそれなりにいて嬉しかったです。ところで、『歎異抄』にあるので念仏を称えたのですが、何の効果もありませんでした」と言われました。その時、突然THから「なるほど。あなたの『〜すれば〜なる』という発想を捨てなければ、何をされても変わりようがないと思います」とかなり強い口調で思いかけない言葉が出てきてしまいました。その瞬間THには「『もう死んでしまいたい』というイメージ」が出てきました。面接室の外には冷たい雨が降っていてCLはTHの反応に対して、ただ沈黙してうなだれているのみでした。

瞑想箱庭療法では、THは瞑想に入ることができずに「死ぬほどの空虚感と身体の痛み」に苛まされました。やがてCLからの声かけで箱庭を見ると四方を囲まれた中心には巫女の像が置かれていました。CLは「私の力の限界でしょうか。突然浮かびあがってきたイメージを置きました」と言われ「微笑み」という題をつけられました（写真3−A、3−B）。THは「こんなにも辛いのに

写真３－Ａ　微笑み

写真３－Ｂ　微笑み（拡大）

何と穏やかで優しい感じの箱庭なのだろうか」と感心させられました。
その後再びＣＬは抗不安薬を大量服薬されて、緊急入院となり、隔離病棟での生活も含め二週間の入院生活を余儀なくされました。大量服薬と緊急入院については、ＣＬの母親からの連絡で知りました。ＴＨその連絡を受けた時に、母親はとても不安そうでしたが、ＴＨは特別な不安感に襲われることはありませんでした。三回目に置いたＣＬの箱庭に心がひらかれていたためと考えられます。理由は箱庭のイメージが自然に蘇ってきたからです。

第四回（X年一一月某日）
相談室までの電車が車両故障のために四〇分遅刻されて来所されました。
今回ＣＬは別人のような晴やかな表情で入室されたのに驚きました。ＣＬは「今回は大変なご迷惑をおかけしました。病院での生活は大変でしたが、とてもためになりました。最初の一週間はコロナの影響もあり、個室から出られずにイライラしてしまい、部屋の中を歩き回りました。三日目に本の差し入れがあり落ち着きました。それからようやく一般個室そして大部屋に移りました。集団で塗り絵などをしました。その時に統合失調症の患者さんにつきまとわれ、怖い思いをさせられたり、他の患者さんから陰口を言われ、我慢できなくて主治医に相談したら『あなた、精神病院とはそういうところです。理解してくださいよ。どうにもなりません』と突き放すように言われ、泣きじゃくって部屋に戻りこもっていました。それでも、規則正しい生活とスマホから解放された生活をすることができました。眠りの質も良くなりました。入院中は甘い物を食べている夢をみて本当に気持ちが良かったです。することがないと、瞑想状態に近くなるのでしょうか。ぼーっとしていたらここでの瞑想を思い出しました」と言われました。それから面接室を眺めて、「先生この場所がとても懐かしいです。それから、家や町並みも懐かしいです。自分の居場所に戻ったような感じです。……それから病院を出た時に、すごく不思議な体験をしました。ベールが剥がれていく感じで風景がリアルに見えてきたのです。そして空気をとても美味しく感じとれたことです。この面接室の花瓶の花や棚のアイテムがとても鮮やかに見えます」と語られました。

瞑想箱庭療法では箱庭制作の時間が少なかったために瞑想だけを行いました。THは今回は深い瞑想に入ることができました。CLは「くつろげました」と言われました。

第五回（X年一二月某日）

今回もCLは落ち着いた爽やかな雰囲気で入室されました。そして「多少は怒りのコントロールはできるようになりました。けれども想定外の事はだめです。私のような障害は、あたかも脳内にカメラがついていてそれが勝手に回っているようなものなのです。ある時には早い速度で、あるときには瞬間的にカメラのシャッターが降りるように自分の意志を超えて脳が勝手に反応してしまうのです。その脳の働きは常に「～すれば～なる」なのです。ある種のパターンを作ってしまうのです。そしてそういう事から想定外の事が起こると今度は感情が勝手に動き出してしまうのです。そういう時には激しい怒りが出てきてしまいますが、自分の思いを超えた自動機械のような脳の働きに対する怒りなのでしょうか。それから、常に思考と感情が結びつかず感情も追いつきません。理想だけが肥大化する。現実と理想との開きも大きいのです。それでも、退院後は、今お話した脳の働きとは全く違う何かを多少は感じられるようになりました。それは本当にささやかですが、突然の五感の開けや絵に集中しているときなどに感じられます。もしかしたら、これが『他力』の働きかもしれません。けれども今度はその『他力』をまたパターン化しようとしてしまうのです」とご自分の特性についてかなり客観的に語られました。

瞑想箱庭療法ではTHの瞑想中に、突然N市の宿泊先の寂しく希望の感じられない夜の街並のイメージが浮かんできました。なぜか、想定外のコロナで従業員が少なくなったホテルのロビーのイメージも出てきました。その後は深い瞑想に入ることができました。箱庭では、中央に石やガラス玉などが置かれ、これまでの表現とは異なるように見えました。CLは「砂をさわっていたら、気持ちが良くなり、気がついたら砂に模様ができていました。瞑想をしていたら、これまでの脳の働きとは異なる何かが働いてきた感じです」と語られ、「枯れ山水」という題名をつけられました（写真4）。

第六回（Xプラス一年一月某日）

CLは非常に落ち着いた雰囲気で入室されました。そしてCL「落ち着いてきました。過去の嫌

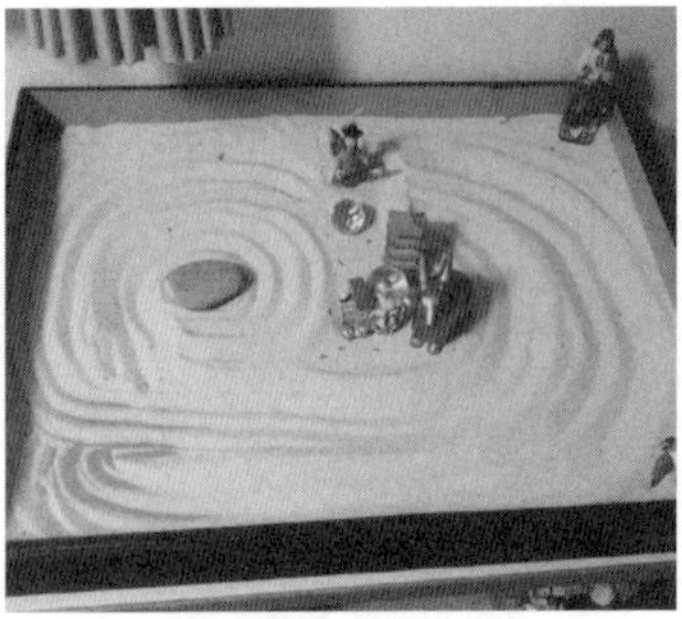

写真４　枯れ山水

写真５　魂を得た像

な出来事が蘇ってきても動揺したりしないで、多少は落ち着いていられるようになりました。自分のできる範囲を超えて脳が動き出しても『どうにもならない』ということでしょうね。諦められると何かが開かれるのが分かってきました。『他力』の意味が少しずつ体験的に分かってきました」と言われました。そこでTHは「なるほど。いろいろとこちらが教えられます。ところで、何かが開かれた瞬間の感覚などは変化しますか？」と伺いました。CLは「それがあまり良く分からないのです。このあたりは私の特性と関係があるのでしょうか？」と応えられました。

瞑想箱庭療法ではTHは深い瞑想に入ることができました。箱庭では雌雄が抱き合うガネーシャ像やマリア像などが置かれていました。CLは「とても深まりました。このガネーシャとマリア像に心を惹かれました」と言われました。THは「いかがですか。瞑想箱庭療法をする前と今とでは、この部屋の雰囲気とか窓の外の風景の見え方など変わりましたか？」と尋ねました。それに対してCLは「確かに違います。ベールが剥がれていくように部屋の中や外の風景が鮮やかに見えます。ちょうど退院した時のような感じですね。こういう感じに気がつくか気がつかないかが大切ですね」と応えられました。そして箱庭に「魂を得た像」という題名をつけられました（写真5）。

第二期　抑うつ、希死念慮、フラッシュバックから回復する時期

第七回（Xプラス一年一月某日）

落ち着いた雰囲気で入室されたCLは「以前よりはずっと自宅でもリラックスできるようになり

ました。私はずっと昔からどこに居ようが何かに怯えて生きてきました。最近はそういう怯えが少なくなってきました。これまではたとえ家にいてもいつも一杯、一杯だったのが今はそれがなくなったような気がします」と言われました。それから「今禅の本を読んでいます。いろいろ気づかされることがあります。たとえばテレビのニュースを見ますが、自分にとって何が善であるのか、悪であるのかわからなくなる。苦しんでいる人がいるのに楽しんでいる人がいるのがわからない。自分の立場もわからない。基本的には自分は流れにしたがっていますが、自分がなくなってしまうことには不安があります」と語られました。ＴＨはＣＬの語りに対して半ば瞑想しながら傾聴していました。瞑想箱庭療法でＴＨは今回も深い瞑想に入ることができました。瞑想箱庭療法が終わると初めて渦巻きのようなものが描かれ、白雪姫とエジプトの黒い猫が置かれました。ＣＬは「今回はこれまでになく深い瞑想に入れました」と言われました。題名は「美女と野獣と川」と名付けられました（写真６）。

第八回（Ｘプラス一年二月某日）

今回もＣＬは穏やかな雰囲気で来室されました。そしてＣＬ「最近は気分の波も収まり、激しい衝動や過去へのフラッシュバックがほとんど置きません。読書とツイッターの生活をしています。最近、池田晶子さんという四〇代でお亡くなりになった哲学者の本を読んでおります。その本には『一人称で話しをしている私は自我ですが、本当に思考しているのは果たして自我と言えるか』というような不思議な問いが書いてありました。煎じ詰めると物事は言語の問題であり、言語は存在しない事も形にしてしまう。このように考えていくと最終的には仏教の空《くう》や無にいきついてしまうそうです。これは仏陀《ぶっだ》が言われたことと同じです。とてもよく分かります。池田さんの本は字面だけとらえてもわかりやすいと思いました。それから、分からない世界を私達は生きている。存在する事自体が矛盾の連続なのかもしれません」と語られました。ＴＨは今回も半ば瞑想しながら傾聴しておりました。

瞑想箱庭療法ではＴＨは今回も深い瞑想に入ることができました。箱庭には今回もたくさんの渦巻き模様が描かれ、中心に天使とガラス玉が置かれました。ＣＬは「棚の人形が魂をもっていて私に近づいてきたような感じがしたので置きました。人間の魂も神が物質に光りを当てることで、物質に魂がやどり内面ができあがるそうです。箱庭の周囲は花をイメージするとともに、外の世界と箱庭が今この場の窓から射し込んでくる光でつながっています」と説明され、「花畑」という題名をつけられました（写真7）。

第九回（Ｘプラス一年二月某日）

今回も落ち着いて入室されました。そしてＣＬは「調子はとても良いです、スマホを見て好きなアニメにコメントを入れたら、非常に攻撃的な書き込みをされ『何でそんな事をするのか』と疑問を持ちました。もちろんその書き込みに対しては普通に無視しました。どうして世の中には物事に対する自分の解釈と異なる解釈が存在することを認めない人々がいるのか不思議に思いました」と最近の出来事について語られました。THはこれまで同様に半ば瞑想しつつ傾聴しましが、CLの話題が長くならないように瞑想箱庭療法に誘導しました。

療法ではTHは今回も深い瞑想に入ることができました。箱庭終了後に、CLは「今回も深い瞑想に入ることができました」と言われました。箱庭では中心にキューピーと卵が置かれました。CLは「『生まれておいで』という題名です」と言われました（写真8）。

第三期　自身の「特性」への受容に向かう時期

第一〇回（Xプラス一年二月某日）

CLは前回よりも元気のない雰囲気で「最近少し寝不足です。どうしても規則正しい生活ができません。一応一一時には就寝しますけど昼間長時間スマホをやらざるをえないのです。脳がかってにそうさせてしまっているとしか思えません。そこからどうしても抜け出せないのです。けれども、学生時代から読んできた哲学や仏教関係の本はよく読んで考えることはしています」と言われました。今回CLは「固執し、こだわってしまうところが私の特性だと思います」とも語られました。そして「分かっていてもだめです」と言われました。そこでTHが「自分の努力や力ではどうすることもできない事でしょう」とお伝えすると、CLは「自分の特性への諦観のようなものですが、

写真６　美女と野獣と川

写真７　花畑

写真８　生まれておいで

やはり諦めることができる時とできない時がありますね」と言われました。そして、「諦められる時は『自分が考えていて企てた事や自分が理解したその時の状況のすべて予測に反してしまう時、突然死にたくなるほどの絶望に陥ります。けれども、少し待つと、もうこれで良い』と思えるのです。諦められない時は、『そうなっても、ただ自殺願望だけが異様に強くなってしまう時です』」と説明されました。

最後にＴＨは「どういう時に諦められるか、どういう時にはそれが無理になるのかなどは理解しようとしても無駄かもしれません。これは縁によってそうなるしかないでしょう。『他力』とは縁のことですね」とお伝えました。

瞑想箱庭療法ではＴＨは多少苛立っていたのか充分に瞑想に入ることができませんでした。ＣＬは「今回は瞑想中にいろいろと考えてしまいました。瞑想前の話題のことではなく『本当に正しい事とは何か』といった抽象的な問いです。こういう問いにも私は執われることが多くあります。今回はキリスト教の真理も仏教の真理も異なっています。それでは真理とは何かは結局のところは数学的に論証することしか残っていないのかもしれません。あるいは、仏教もキリスト教もほとんど同じような真理ですが表現形態が異なるのかもしれません。そんな抽象的なことを考えていたら、箱庭を置いているときに、曼荼羅のアイテムが棚にあるのを見つけ、それを中心に置くことでかなり落ち着いたというか、考えなくなりました。どうでもよくなりました」と説明され「数学の及ばない領域が宗教」という題名をつけられました（写真9）。

第一一回（Xプラス一年三月某日）

ＣＬは今回はとても落ち着いて入室されました。マスク越しの目の表情がとても穏やかに見えました。しばしの沈黙の後に「私の家族はとても仲が悪いです。私は父とも妹とも何年間も口をきいていません。外泊の時間があると余裕が持てるので早く、作業所に行きたいと思います。以前も体験しましたが、自分と似たような人たちが来ているので楽でした。それから、私は確かに底をついた体験をしたと思います」と言われました。ＴＨは「一度手放せばもう一度どん底がきても大丈夫です。それも手放すというよりも気がついたら手放していたという体験でしょうね。手放すことに固執するとハウツーになってしまいますからね」と伝えました。するとＣＬは「そういう事に気づくまでが本当に難しいですね。それからつくづく生きていくことは難しいと思いました。社会は嫌いですけれども社会を捨てることはできない。そして私は誰もができることができないのです。必ず不得意なものにぶちあたり、それを乗り越えることがとても難しい。努力の限界を超えています。たとえば数字が絡むと混乱したり複雑な感情は理解できなかったりします。特性に合うことしか自分にはできないでしょう」と言われました。ＴＨは共感的不問に徹しました。

瞑想箱庭療法ではＴＨは今回も深い瞑想に入ることができました。ＣＬは「今回は本当に深い瞑想に入ることができました」と言われました。箱庭に少女たちが輪のように置かれました。ＣＬは「良く分からないけど少女がとても目につきました。少女ばかり置きました。窓の外から見える公園でも少女たちが遊んでいますね。なんだか少しだけ今回も頭のベールがとれた気がします」と言

写真９　数学の及ばない領域が宗教

写真10　輪になって

写真11　二つの世界

われました。「輪になって」という題名がつけられました（写真10）。

第一二回（Xプラス一年三月某日）・最終回

CLは今回も落ち着いた雰囲気で入室されました。そしてCL「うつもなくなり本当に元気になりました。最近は哲学の本（池田晶子さんの著書）ばかり読んでおります。『言葉とは何か？』についていろいろと学ばされました。たとえば、言葉は伝達の手段になっていますが、言葉が価値そのものであることに気づかされました。言葉には『実用的言語』と『学問的言語』『詩的言語』とがあるそうです。詩人は詩的言語の世界に生きています。それから『他力』という言葉も、自ずから『そうとしか表現できない』体験を述べたものなので詩的言語に近いと思います」と語られました。THは共感しつつも不問に徹しました。

瞑想箱庭療法ではTHは今回も深い瞑想に入ることができました。箱庭にはキリストと不動明王が左側に、そして近くにリンゴが置かれ、右側には仏陀、如来、骸骨が置かれました。CLは「今回も瞑想に深く入ることができました。不動明王は憤怒の原始的な感情でキリスト教的感情です。リンゴは知恵と技術の結晶を現します。キリスト教は知恵と技術を用いて自然と闘うために産まれた宗教の印象を受けます。一方でこちら側の世界は『あるがまま』で死を受け入れている。すべてを受け入れている自然の世界です。ドクロも自然です。今の私は気づいたら二つの世界にいるのかもしれません。それで良いのかもしれません」と語られました。「二つの世界」と題されました

（写真11）。

症状が一応軽減したことに伴い、心理療法的には一段落したものと考え、その後の面接は不定期で行いました。そこでは、ＣＬの進路や日常生活をめぐる対話や瞑想箱庭療法を実施しました。ＣＬは作業所、油絵、読書など、多少の気分の落ち込みはありつつも充実した日々を送っておられています。特に油絵やデッサンについては「自分の意図を超えて集中できるというよりは『集中』という状態が私に近づいてくるようです」と他力的な体験を語られたことが印象的でした。

考察

事例では環融体験・環融空間が成立する以前にクライエントは瞑想箱庭療法を通して象徴体験を行っております。それは第三回の箱庭「微笑み」に窺うことができます。この時点でクライエントの自殺念慮が高まり、また抑うつ状態も激しいものでした。そのような限界状況の中で「女神」のイメージが出現したものと考えられます。その後、クライエントは緊急入院に到りますが、命をくい止めることができました。そういう意味では「女神」のイメージはクライエントに「生の方向性」を与える「自己」（セルフ）の象徴としての理解も可能です。クライエントの環融体験・環融空間の最初の成立は入院中の個室での生活で行われたものと推測されます。個室での生活でクライエントは、不必要な刺激を避けることが可能になり、あたかも瞑想箱庭療法におけるような瞑想状態を体験することができました。そうした経験が背景にあって、第四回の「病院を出た時に、すごく不思議な体験をしました。ベールが剥がれていく感じで風景がリアルに見えてきたのです。そして空気がとても美味しく感じ取れたことです。この面接室の花瓶の花や棚のアイテムがとても鮮やかにみえます」に窺うことができます。そして面接室での環融体験・環融空間は第八回において成立します。また、この回にクライエントは箱庭での象徴体験とともにサトルボディの体験も伴います。そのことは「棚の人形が魂をもって私に近づいてきたような感じがしたので置きました。人間の魂も神が物質に光を当てることで、物質に魂がやどり内面ができあがるそうです。箱庭の周囲は花をイメージするとともに、外の世界と箱庭が今この場の窓から射し込んでくる光でつながっていきます」に窺うことができます。また、第一〇回目では「固執する自分の特性については諦められる時、諦められない時があります」と述べ瞑想箱庭療法に入りますが、箱庭の中心に曼荼羅を置き「どうでもよくなった」と言われます。そして「どうでもよくなった」という諦観は箱庭表現における瞬間の気づきであり、これまでの「諦める」「諦められない」という二律背反への「執われ」を瞬時に離れるようになった気づきの体験でもあったことが窺えます。

それはまた一一回の「私は底をついた体験をしたと思います」というクライエントさんの発達障害的な「こだわり」への絶望体験にも窺うことができるとともに第一二回の箱庭表現からも推測できます。たとえば第一二回の箱庭には、キリストの世界と仏陀の世界などが置かれます。クライエントはキリストの世界を「知恵と技術」を現すもの、仏陀の世界を「すべてを受け入れる自然の世界を現す」と説明され、「気がついたら二つの世界にいるのかもしれません。それで良いのかもしれません」と言われました。これは、第一〇回目の二律背反から「どうでもよくなった」体験に繋がることですが「他力的」な体験そのものであると考えることができます。

以上のような面接室での体験はクライエントの日常生活とどのようにつながっていったのでしょうか？　それは、これまでクライエントを追い詰めていた「普通に就労しなければならない」という観念から解き放つとともに、「つくづく生きていくことは難しいと思いました。社会は嫌いですけれども社会を捨てることができない。それを乗り越えることはとても難しい。特性にあったことしかできないし、それをやっていけばいいと思う」に窺うことができます。実際にクライエントは油絵を描いたり、発達障害とよばれる人たちとの活動を自然に始められています。

（大住誠）

第六章　医療機関で医師が実施する場合について

（1）はじめに

児童精神科医である筆者が、瞑想箱庭療法を日常診療にとりいれて十数年になります。それまでは、ごく一般的な箱庭療法を実施していました。

一般の箱庭療法に関しては、精神科医のなかでも自らの診療に取り入れる医師は少なく、一部の児童精神科医が実施しているにすぎません。箱庭療法は遊戯療法の一つと位置付けられるため、小児対象であるというイメージが強いことが原因かもしれません。

さらに、この療法は実施するには手間と労力と費用が必要です。

患者さんが箱庭にアイテムを置いているところを観察し記録したり、アイテムの内容・配置・順番を解釈（注1）し、患者さんの精神病理を分析しなければなりません。一回のセッションで一時間近くかかることもあります。そのような手間と時間をかけるわりには、「箱庭療法における見立て（診断）

は、第一印象が全てだ」とか「ひとつひとつの箱庭を分析するのではなく、流れを重視すべき」といったことを先輩医師に言われてきました。

このような状況であるため、精神科医のなかには、「なんだか手間暇かかるわりには、クリアカットに理解できない治療法だ」と敬遠する人がでてくるのも当然です。

いきおいただでさえ多忙な精神科医になると、自らが施行する意欲がありながら、臨床心理士に依頼せざるをえなくなります。また、市販の箱庭療法セットの費用がかなり高額であり、一式揃えるのにかなり勇気がいるということも、個人クリニックで箱庭療法を導入する敷居を高くしています。さらに、一回のセッションに時間がかかるため、現在の診療報酬では医療経済的にも現実的ではないということもあります。

さらに、我が国の精神科医のなかで箱庭療法理論の背景となるユング心理学に傾倒し、専門にしている人の割合は少ないという現状もあります。

しかし、ここに述べる瞑想箱庭療法は、私が実際に取り入れてみたところ、上記のような従来の箱庭療法の課題点をクリアできるところがいくつかありました。また、後述しますが従来の箱庭療法を施行する際に私自身が感じていた、いわれもない疲労感が全くないということに気づきました。

（注1）解剖学者の養老孟司は、「解釈」を出力系からする「理解」とし、以下のように述べています。

「脳から見れば、理解は精確な認知の結果、つまり入力系＝感覚系から導き出された結論である。

風呂に入れば身体が軽くなる。これはだれでも経験的に知っていることだった。しかしアルキメデスは「排除した水の分だけ軽くなる」ことを理解した。その瞬間に、今までただ茫然と軽くなっていた体が、明確な輪郭を帯びて軽くなった。（中略）「アルキメデスの原理」を当人が言語化したのは、感覚として理解した後である。理詰めで考えていって原理に到達したのではない。先にあったのはあくまでも「わかった」という感覚である」（養老孟司『ヒトの壁』七二頁）

これは「感覚」が最初にあり、「解釈」は恣意的に後付けされたものであるという事実につながります。「解釈」は、それをなすときに、何らかの「はからい」が出てきてしまうということにつながっているように考えます。

（2）当クリニックでの瞑想箱庭療法の治療構造（注2）

当クリニックは、二〇〇八年、神奈川県南部に開業し、今年で一四年目になる主に児童思春期年齢の患者さんを対象とした精神科診療所です。

瞑想箱庭療法は、開業当時から医師である私は臨床に取り入れています。クリニックのホームページの中に瞑想箱庭療法の紹介をしているため、それを見て来院する方もいらっしゃいます。

当院での瞑想箱庭療法の適応症としては、神経発達症（注3）、神経症圏（注4）、うつ病（注5）、軽度精神病圏（注6）などとしています。反対に禁忌となる状態は、何らかの要因で、継続的に箱庭を置くことができない状態

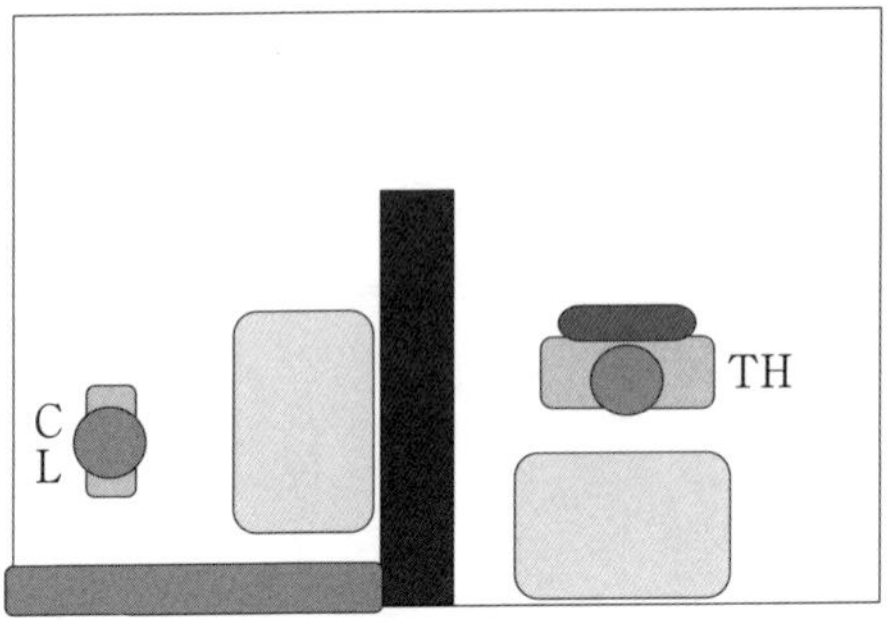

図1

の患者さんとなります(注7)。

医師である私が実施する瞑想箱庭療法は、通常診察が終わったあと、週三日夕方から一日一～二ケース行い、一人平均一五分ほどの時間をかけております。

瞑想箱庭療法を施行する部屋は通常の診察室の奥のスペースで、患者さんに箱庭をやってもらっている間、私は診察机前の椅子で瞑想を行います（図1）。

原則として、保険診療の範囲内で行い、「通院精神療法」を加算することにしております。一回の瞑想箱庭療法は平均一五分で行っております。瞑想箱庭療法を紹介する際の患者さんへの説明として、「だいたいみなさん平均一五分くらいで置いています」と伝えます。

瞑想箱庭療法をする際は、通常の診察をしたのち、お互い一緒に一分間の瞑想を行います。ただし、患者さんが瞑想せずにすぐ箱庭にとりかかるときもあります。治療者は、患者さんが箱庭を置いている時間は引き続き瞑想を続けます。

また、母子同時に箱庭療法をする場合もあります。その場合も三人で同時に瞑想をおこなったあとに母子で箱庭にアイテムを置いてもらいます。さらに、母子に同じ漢方薬を処方することがあります。これは中国で古くから伝わる治療法で「母子同服《ぼしどうふく》」と呼ばれます（後述）。

さらにケースによっては、診察場面で森田療法（第三章参照）のアプローチを加えていくことがあります。

医療機関での診察は、通常一人の診察にかける時間は五分から一〇分と限られています。そのような現状で瞑想箱庭療法を行う時間を捻出するために、一定の時間内に診察をする工夫が必要になってきます。

具体的には、瞑想はできるだけ短くすることと、併用して行うことのある森田療法については、そのエッセンスを通常診療のなかに組み入れるような工夫をすることです。

具体的には、通常は日記で行う生活指導全般や、「精神交互作用」「思想の矛盾」「生の欲望」などの森田療法のエッセンスを通常診察の対話で折り込むことにしています。

（注2）治療構造とは、エクスタインによると、「精神療法における治療関係を規定する治療者・患者両者の交渉様式」を言います。小此木によると、治療構造は外的構造と内的構造に分けられ、外的構造としては、治療者・患者の数の組み合わせ、場面の設定、治療者・患者の空間的配置、時間的要素、治療料金があります。内的構造としては、治療契約、面接のルール、秘密の保持、約束制度

などがあげられます（加藤正明他〔編集〕『縮刷版　精神医学事典』五五一頁）。

（注3）「神経発達症」は、米国の精神医学会が編纂した診断基準であるＤＳＭ－５（精神疾患の診断・統計マニュアル：Diagnostic and Statistical Manual of Mental Disorders）に記載されている症候群であり、生来的な要因により、「発達の偏り」が生じるものです。この症候群に属する具体的な分類は、自閉スペクトラム症、注意欠如多動症、知的発達症、限局性学習症、小児期発症流暢症（吃音）、チック症などがあげられます。さらに例えば自閉スペクトラム症の特性としては、相手や周囲の状況の把握ができにくい「社会性の特性」、会話が一方的になり、たとえ話や比喩や言外の意図が理解できず額面通り受け取ってしまう「コミュニケーションの特性」、ある一定のパターンでの行動ややり方にこだわる、先が見通せなかったり、想定外の状況になると不安になる「同一性の保持」、五感からはいる些細な刺激に反応し精神的負担を生じる「感覚過敏」があります。

（注4）「神経症圏」とは、何らかの精神的葛藤によりおこる精神症状群をさします。例えばパニック症、強迫症、不安症などです。当クリニックは児童思春期の患者さんが多いため、神経発達症の二次的反応により神経症症状を呈している方が多くいらっしゃいます。神経発達症の特性を持つ方は、日常生活における失敗体験が多く、さらに周囲が当人の特性を理解できず不適切な対応をとることがあるため、自己評価が低くなり、極端な場合、二次的に精神的不調を呈することがあります。その精神的不調が神経症の症状に発展していくのです。

（注5）近年増加しているうつ病に関しても、その背景に生来的な神経発達症の特性が潜んでいることがあります。当クリニックでも、うつ病のほとんどの患者さんに神経発達症との併存が認められます。

（注6）「軽度精神病圏」とは主に軽度の統合失調症のことを意味します。近年統合失調症の軽症化が認められていますが、当クリニックにかかる患者さんにおいても、その傾向は認められます。また神経発達症の二次的反応として一過性に精神病症状を呈しているのか、本格的に統合失調症に移行しているのか判断がつきかねる場合もあります。いずれにしても、瞑想箱庭療法を導入できる程度に軽症であることが多い印象にあります。

（注7）瞑想箱庭療法が禁忌の場合というのは、それほど多くはありません。興奮状態が強く、箱庭のアイテムを破壊してしまうとか、極度の集中困難のため一分間の瞑想が困難であるとかが想定されます。そのような可能性のある患者さんには、診察の時点で瞑想箱庭療法を勧めることありませんし、勧めたとしても、本人が拒否します。保護者が本人にやらせたいが、本人が拒否する場合も多々認められますが、当然無理して勧めることはありません。

（3）医療機関で実践する利点

この項では、医療機関で瞑想箱庭療法を実施する利点を述べます。但し以下の内容は、他の心理療法でも十分当てはまることであることをお断りしておきます。

医療機関においての利点の一つは、保険診療ができることでしょう。自費での治療であると、どうしても治療者側・患者側にお互いに治療に対する「構え」が出てきます。患者は、支払いの元を取るために治ろうとすることにとらわれるだろうし、治療者は、これだけの報酬をいただいているわけだから、しっかり治さなければと思い、治療行為そのものにプレッシャーを感じるでしょう。しかし保険診療であれば、実際の金額の三割の支払い、自立支援制度を使えば一割の支払いで済むため、お互い肩の力を抜いて治療にのぞむことができます。また、思うように治療が進展しないと患者さんが感じるときも、すぐに治療継続を見限ることが少ないと思われます。さらにやむをえない治療者側の理由で、診療時間が短縮されたり、キャンセルされた場合でも、患者さんからのクレームは少なくなると思われます。また同じ理由で、療法の時間を短縮することができます。私が診療は一回一五分くらいでと暗に伝えられるのも、保険診療の範囲ならではのことです。

二つ目は、薬物療法を併用できる点です。例えば不安が高かったり、ADHDの症状である多動で集中できない状態の患者さんの中には、落ち着いて瞑想したり箱庭にアイテムを置いたりすることが困難なことがあります。そのような患者さんに対して、対症療法として一時的に薬物療法を導入することが可能です。

三つ目は、医師が自ら瞑想箱庭療法に関わる場合、患者さんによっては特別な対応をされているという思いをもち、治療意欲が高まることがあるかもしれません。一般的に精神科クリニックの外来は、混み合っているので大概五分強の診察になることが多いものです。そのようななかで一五分以上も時間をとってもらっているという気持ちになることがあるかもしれません。

さらに以下の内容に関しては、医療機関以外でも当てはまることとして列記します。

精神療法を施行する場合薬物療法と同様、副作用(注8)があります。具体的には転移―逆転移(注9)の状態において起きる精神的な動揺や、身体化、行動化があげられます。心を癒すための精神療法が、反対に傷を負ってしまうこともありえるのです。治療者側が完全に無意識に行ってしまうこともあるということと、副作用の影響は精神療法を止めたあとも長期に続くことで、薬物療法よりもたちが悪いとも言えます。

その点、瞑想箱庭療法は、転移―逆転移を最小限にとどめるため、上記のような副作用は起きにくくなるでしょう。さらに、この転移―逆転移を精神療法で扱う必要もなくなるため、診療における精神的負担は軽減するものと考えられます。この転移―逆転移を扱わない治療法としては、今年(二〇二二年)話題になっているオープンダイアローグや当事者研究、自助グループなどがあると私は考えています。これらに関しては後述します。

また、瞑想箱庭療法は、自然治癒力を高める力が強いため、薬物による治療を最小限にとどめることが可能と考えられます。実際、私が瞑想箱庭療法を導入している患者さんは、薬物療法をしていた方でも処方量が減少したり、処方をしない状態まで回復することを頻回に経験します。現在、瞑想箱庭療法を施行している患者さんのほとんどが向精神薬は処方していない状態です。

（注8）精神科医の宮岡等は、「患者に精神療法の副作用を十分説明して、治療の同意を得ることが必要」と精神療法導入にあたっては、インフォームド・コンセントをするよう主張しています。その理由としては、

1）精神療法が数ある治療法の一つにしか過ぎないということであり、薬物療法が精神療法より有効である場合の説明が必要であるということ

2）精神療法の治療目標の明確化

3）治療しなくても改善する精神症状があること

4）診断のための面接や心理検査が侵襲的であるということ

があげられるとしています。（こころの科学二一〇号、まえがき、二〇二〇年三月）

（注9）転移―逆転移については、転移には、治療者に対して信頼、尊敬、情愛、感謝などの感情を示す陽性転移と、敵意、攻撃性、猜疑心、不信感などの感情を示す陰性転移の二種類があります。このような特殊な感情は、患者が過去（幼少期）に自分にとって重要であった人物（多くは両親など

の養育者）に対して持っていた抑圧された感情が、治療者に向けられたものと理解されています。

また逆転移に関しては、治療者が被治療者に対して無意識に自分の感情を向けてしまうことです。救命救急医療の場面では、医療従事者が自殺未遂者に対して否定的な感情を向ける（陰性逆転移）ということがないように留意しなければいけない。不用意な態度や発言は、患者の自殺念慮を助長・再燃させてしまうことがある、とあります。

一見して、これが精神療法の副作用あるいは有害事象としてとらえることになんら不自然なことではないと思われます。

（4）医療機関で実践にあたっての課題

つぎに課題について列挙します。

まず、保険診療であるため、診察代が安いか、場合によると外来診療の際に代金を払わなくて良いようなケースが出てきます。そのため、もう症状は軽快しているのにも関わらず、瞑想箱庭療法を継続する患者さんがときにいます。こちらから、療法の終了を仄めかすこともありますが、特に神経発達症の特性の一つである、「同一性の保持」[注10]傾向の強い方は、一から二ヶ月に一度必ずいらっしゃいます。

反対に、料金が安いあるいは無料であるため、気軽に継続を打ち切る判断をする方もいらっしゃいます。それなりの料金を支払っていれば、治療の結果を出したいと思うのが人情だと思います。

瞑想箱庭療法の時間の確保の問題もあります。日常の通常診療の合間に瞑想箱庭療法を施行しているため、療法にかける時間は限られています。

なかでも箱庭施行前の瞑想に時間をかけられないのは、最大の難点と思われます。一分の瞑想では、治療者、患者さんともに瞑想が深まらない可能性が高いと思われます。また箱庭制作の時間も制限せざるをえないところも気になるところです。

さらに前述のとおり、外来森田療法を併用する場合、患者さんの書いてきた日記をチェックする時間がなく、日記を書いてもらうことは現在のところしておりません。代替として、診察場面で森田療法的アプローチをしていますが、今後何らかの工夫をしていこうと考えております。

（注10）「同一性の保持」とは、いわゆる「こだわり」と呼ばれる自閉スペクトラム症の特性の一つです。行動の手順やモノの置き場所や習慣などが一定でないと気がすまず、それがスムースに遂行しないと、興奮状態となり、極端な場合、自傷行為・他害行為に至る場合もあります。「同一性の保持」の背景には必ず本人のなんらかの不安が隠れています。よってその不安を同定し解決していく対応がのぞまれます。

（5）瞑想箱庭療法と中医学（漢方）治療

中医学（漢方）の源流は、四〇〇〇年前の中国で記された『黄帝内経《こうていだいけい》』と『傷寒論《しょうかんろん》』に端を発します。戦国時代から後漢にかけて編纂されたと言われる『黄帝内経』は、「素問」と「霊枢」との二部からなり、人体の生理・病理と鍼灸療法の具体的な内容が詳細に述べられています。(注11)『傷寒論』は、紀元二〇〇年後漢時代の張仲景が著した『傷寒雑病論』から派生したもので、熱性病（急性伝染病）に対する治療の原則が書かれています。

中国で発展した中医学が後世に日本に伝来し、日本国内でその文化や環境によってアレンジされていったのが「漢方」であり、日本独自の医学となるのです。

現在日本の「東洋医学」は、中国古来からの思想である陰陽五行を重視する中医学と、日本独自の考え方からなる漢方の二つにおおきく分けられます。本節では、中医学の特徴を主眼にして述べていきます。

中医学では、ヒトと自然界との間の関係を重視し、ヒトの生理機能を内的自然としてとらえます。中医学の教科書では人体の考え方を、以下のようにまとめています。

「人間は自然界のなかで生活しており、たえず自然環境の変化の影響を受けている。また人体は外部環境の変化にあわせてその都度、自身の生命リズムを調整し、外界の変化に適応させている。

また人体を構成するそれぞれの組成成分は、互いに密接に連絡している。生理的には互いに作用協調しあい、病理的にも互いに影響し合っている」とし「有機的統一体」とまとめています（平馬直樹〔監修〕『中医学の基礎』一一～一二頁）。

そもそもこの地球全体が「有機的統一体」と考えられます。その意味で、中医学ではヒトの身体としての「内的自然」と、我々の環境である地球全体としての「外的自然」はパラレルな存在として位置付けられます。

さらに中医学の理論的基礎は、中国古代から伝わる陰陽五行学説に基づきます。この学説は「陰陽学説」と「五行学説」からなり、次のように要約できます。

「陰陽学説では、自然界のさまざまな事物の発生・発展・変化は、その事物の内部に相互対立する陰と陽が存在しているために生じるのであり、陰と陽の相互作用は、事物の運動・変化・発展の内在的な原動力であると考えられる」（同前、一四頁）

「五行学説では、宇宙間の全ての事物はすべて「木火土金水」という5種類の基本物質で構成されていると考えられ（中略）五行の間の『相互に生み出し、相互に制約する』という関係によって、全ての運動と変化を説明している」（同前、一四頁）

陰陽五行学説を基礎として、中医学では、「自然界と生命現象を含む全ての物質は恒久の運動状態にあると考えて」おり（同前、二六頁）、静的固定的な認識よりも動的なとらえ方を重要視します。この点は、瞑想箱庭療法の理論的基礎（第三章参照）と共鳴するところと考えます。

中医学の瞑想箱庭療法との共通点の一つとして、直感や感覚を重要視するところがあります。中国での「老中医」(注12)の診察においては、患者さんの問診をする前に、脈を取ることが伝統的な方法とされます(三浦於菟『実践東洋医学』第一巻、診断篇、四二頁)。まずは感覚から入るのです。これは、瞑想箱庭療法の理論的基盤になっている西田幾多郎の「純粋経験」にも通ずるところがあるでしょう。

さらに治療者・患者さんの五感を診断の材料とします。

中医学の診察は「切・望・聞・問の四診」で行われます。切診は脈をとったりお腹をさわる触覚、望診は顔色や舌を見る視覚、聞診は声を聞いたり臭いを嗅いだりする聴覚・嗅覚、最後に患者さんからの情報を聞くという手順をふむわけです。治療者も五感を開き診察をしていくのです。

患者さんの情報に関しても、例えば発熱の症状がある場合は、客観的な体温よりも患者さんの主観的感覚である熱感があるのか寒気がするのかということを確認していきます。

さらに、これは西洋医学でもかつて主流でしたが、治療者みずからが体を運用して身体感覚をたよりに診察をするというところもポイントになると思います。五感を運用するということは、治療者の体を通して患者さんの情報をとらえるということになるからです。さらに「手当て」と呼ばれるように、診察自体が治療につながっていくこともあるでしょう。

一方、病態の説明に関しても瞑想箱庭療法との共通点としての「内的自然」と「外的自然」をもとにしています。三浦は以下のように説明しています。

「疾病とは生体内の不正常な変化である。自然もさまざまに変化している。東洋医学では疾病のある変化つまり一部の病態を、自然現象の言葉を借りて表現している。熱い・寒い・乾燥・湿気などである。これは、生体内では自然の変化と同様の変化が起こるという東洋思想の考え方にもとづく。つまり整体を含め万物の変化の原理原則は同じであり、そのために同じ言葉で表現することが可能だという考え方である」（同前、二二一頁）

さらにこのような考え方が確立する背景には「気」の概念が欠かせないといいます。「気」の解釈においては、いまだにいろいろな解釈がありますが、エネルギーの一種と考えても良いし、動詞的な運動そのものと考えても良いかもしれません。

結局、外的自然にしても、内的自然にしても、自我というものを持つ人間の力ではどうすることもできないものであり、自然の摂理にまかせるしかないという思考が背景にあると思われます。事実、西洋的自我の概念の拠り所となる「脳」という器官とその機能に関しては、中医学や漢方では、取り上げられません。所謂「五臓六腑」の中に脳は含まれないのです。それではいわゆる精神機能は、どこが司ることになっているのでしょうか？　それは、主に心・肝・肺・腎・脾の五臓がそれぞれ担当しています。例えば、情緒であれば心が喜びを、肝が怒りを、肺が悲しみを、腎が驚きを、脾が悩みをといった具合です。結局このことから、人間の精神機能は、自我とは関係のない力の及ばないところで自然の摂理によって変化し続けているということを、暗に示しているのではないかと思われます。

さらにいわゆる「サトルボディ」体験というユング理論の中の概念との共通性も挙げられます。「サトルボディ」とは、目には見えない身体感覚に近い感触の体験です。精神科医の老松克博も自著の中で「サトルボディにきわめて近い観念を反映しているものとしては、中国医学でいう経絡と経穴、すなわちツボがある。(中略)経絡と経穴からなる身体観が通常の視覚的な解剖学のそれとは決定的に異なっていることはまちがいない」としています。(老松克博『サトル・ボディのユング心理学』二一一〜二一二頁)。このように、中医学においても経絡であるとか陰陽温熱燥湿などの感触から入る要素が重要視されます。

瞑想箱庭療法と中医学(漢方)治療は、以上のように共通点が多く、論的背景の根本は同じものとみなすことさえできるかもしれません。

さらにこの両者は、「場」という瞑想箱庭療法独特の概念を説明するときに、現在の先端科学とされる分子生物学の理論にも通じるところがあると感じています。

分子生物学的には、生命は分子の淀みと考えます。「(生命の)個体は、感覚としては外界と隔てられた実体として存在するように思える。しかし、ミクロのレベルでは、たまたまそこに密度が高まっている分子の緩い『淀み』でしかないのである」(福岡伸一『新版 動的平衡』二六〇頁)といいます。

中医学においても、先程述べた「気」という概念に基づき、「身体を気のめぐり動く場として考え、そのめぐり方が自然のリズムに合致したものであれば、(中略)心身は調和状態にあるというのである。この身体内部の気は、身体外部の自然の気のうちにあって、それと連続している。自然の気のなかに、人は気を包み持った身体を保持して生きているのである」とし、さらに「人の身体すべては、気の凝集物としてこの世に存在する」としています（石田秀実『中国医学思想史』三三～三四頁）。

分子生物学における絶えず流れる分子は、中医学理論における「気」と同様のものとも思われます。この考え方は、瞑想箱庭療法における患者と治療者が融合する「場」にも当てはまりそうです。治療者・患者は「場」を通して身体感覚的に融合していると言えると思います。

最先端の科学である分子生物学と中国から古来存在する中医学の理論が究極のところ同じところに到達するのではないでしょうか。瞑想箱庭療法の理論的到達も同じであると考えられます。

さて、瞑想箱庭療法と中医学には共通点が多いため、その一旦として臨床では、母子同時での瞑想箱庭療法と、漢方の母子同服を並行して施行する工夫をしています。

「母子同服」の概念は中国の明の時代、一五五六年に薛鎧《せつがい》・薛己《せつき》親子によって編纂された『保嬰《ほえい》撮要《さつよう》』に登場します。そこに記された原文は、

「肝経の虚熱、発搐し、或いは驚悸寒熱し。或いは木土に乗じて痰涎を嘔吐し、腹脹少食、睡臥安らざるを治す。柴胡《サイコ》、甘草《カンゾウ》、川芎《センキュウ》、当帰《トウキ》、白朮《ビャクジュツ》、茯苓《ブクリョウ》、釣藤鉤《チョウトウコウ》、右水煎し、子母同じく服す。蜜丸《みつがん》の如くし、抑青丸《よくせいがん》と名ずく」（口語訳：抑肝散は小児が肝の経絡の虚熱のため痙攣を起こし、あるいは発熱して歯を食いしばり、あるいはひきつけを起こして発熱悪寒し、あるいは粘液を嘔吐し、腹部膨

満して食欲不振となり、寝てもむずがるという症状を治す。処方は柴胡と甘草が各五分、川芎が八分、当帰と炒った白朮と茯苓と釣藤鈎が各一銭で、以上を水で煎じて、小児と母親の双方に服用させる。これを蜂蜜で煉り、丸薬にしたものを抑青丸という）

とあります。

母子ともに治療する意味として、内的自然と外的自然との関連、森田療法での「思想の矛盾」や「精神交互作用」の考え方からアプローチできると思いますが、詳細は三章で説明していきます。

いずれにしても中医学・漢方の治療観は、内的・外的自然に逆らわない、治癒力を後押しするものであり、直接病的なものに働きかける西洋医学の考え方とは根本的な違いがあります。

例えば、錆びて動かなくなった自転車を動かすようにするとき、西洋医学であれば、無理やり力を入れて走らせますが、漢方・中医学の場合は、チェーンやペダルに油をさして動きやすくする方法をとるでしょう。

（注11）『黄帝内経』の端緒は、紀元前一二〇〇年頃までに、すでに存在していた複数の医書をまとめたものと考えられています。紀元一二〇〇年には、王冰により　中医学の基礎理論をまとめた「素問」と、鍼灸の実践的な方法をまとめた「霊枢（鍼経）」からなる現在の状態に編纂されたとされます（石田秀実『中国医学思想史』一一二～一一六頁）。

（注12）「老中医」という語は一九五〇年以降に作られたもので，二種類の意味があります。①中華人民共和国が成立する前に、正規の中等、高等中医学校で学ぶことなく、師匠に付き従い、徒弟制度の方式で中医学の知識を把握した高年の医師のことを指す。これらの人は長年の臨床実践を経ることによって、豊富な臨床経験をもっている。②年齢が六〇歳以上の臨床経験豊富な中医師を指す。（高金亮〔監修〕『中医基本用語辞典』六六一頁）

（6）AI時代における瞑想箱庭療法の展望

現代は、世界的にAI時代に突入しつつあると言われています。マスコミは、AI時代に消滅する職種を列挙して報道し、それを読んだ人たちを不安に陥れています。御多分にもれず医療現場でも、消滅したり人員削減を余儀なくされる分野・診療科とそうでもない診療科が分類され、まことしやかに語られています。

精神科に関しては、AIを利用していきながら共存を目指すような言説もありますが（岡本泰昌「人工知能（AI）時代の精神医学」『日本生物学的精神医学会誌』二九巻二号、五一頁）、現在の精神医学・医療の流れをみていると、大半がAIに取って代わるのではないかと思っています。現在のところ、精神科医療は、操作的診断基準[注13]に沿って診断して、それに合致した薬物を処方するという、身体科モデルに限りなく近づいているのが現状です。さらに加えて最近の精神医療の状況を見ていると、向精神薬の開発も袋小路にいきついている感が否めません。[注14] 精神療法の中で唯一趨勢な状態にいる認知行動療法もマニュアル通りに治療を進めていきます。また各精神疾患には、ガイドラインやプロトコールが作られており、誰でも対応できる「標準的治療」が定められています。

これらはAIの得意な「～すれば～になる」という因果関係を用いた作業です。我々は、AIが作業しやすいように、ガイドラインやプロトコールを作って、着々とお膳立てしているのではないでしょうか。

一方、前世紀まで精神療法の中で主流だった「精神分析療法」も、さまざまな理由から衰退の一途をたどっており、現在、主に外来ではいわゆる環境調整と生活指導（食事内容、運動の推進、良質な睡眠をとることの勧めなど）が主流になりつつあります。

このように現在では、従来存在していた精神医学や精神医療の実践方法に限界が見えてきています。これは、治療するものとされるものの間に大きな溝があったことが原因の一つだと思われます。治療される側の患者さんは専門家である（と思われる）医療関係者にすべてを投げ出し、治してもらうという基本姿勢をくずせなかったからとも言えます。また治療する側は、患者さんをあくまで治療対象とみなし、術を施すという姿勢を続けてきたことが原因と思われます。

そのような現状において近年、オープンダイアローグ、[注15] 当事者研究、[注16] などの患者さん主体の治療法が注目されてきています。またもともと存在していた治療法として依存症の治療にかかせない「自助グループ」というシステムがあります。[注17] このような治療法においては、治療者は専門家としての立ち位置にあぐらをかいて座っていることができなくなりました。治療の主役は患者さん本人になり、医療関係者はいわば黒子《くろこ》のような存在になったのです。見方をかえれば、治療者が専門家としてやるべきことは少なくなりつつあるのです。

さて、このような流れの中、今後精神科医の立ち位置は、どのように変化していくのでしょうか？　今まで精神科医が行ってきた臨床の方法では生き残っていけないと考えられます。ＡＩの作成した処方箋や、診断書を確認してサインをするだけといった味気ない臨床作業になりかねませんし、従来的な考え方の患者さんからは、「あの先生は何もやってくれない」という批判が当然出てくるでしょう。

そのような今後の状況で、スポットライトが当てられるのが「瞑想箱庭療法」であると思っています。

瞑想箱庭療法の理論と実践は、ＡＩのそれとは対極にあるもので、とうていＡＩにはできないものであると考えられます。その理由に、まずは因果論を基礎にしたアルゴリズムではなく、同時進行的な作業であるということ。ＡＩにはない身体を通して施行されるものであるということ、理論をおもんずる西洋的自我（幻想にしかすぎないと思うのですが）に基づいたものではなく、内的・外的自然という概念をもとに施行するものであるということなどが挙げられます。そもそもＡＩだけの力で、人の精神的身体的回復は望めないということは、直感的には自明のことでしょう。

（注13）操作的診断基準とは、「原因不明なため、検査法がなく、臨床症状に依存して診断せざるをえない精神疾患に対し、信頼性の高い診断を与えるために、明確な基準を設けた診断基準である。操作的診断基準を用いて均一の患者群を抽出することによって、病態解明の研究や疫学調査を推進することに加え、治療成績や転帰の比較検討を可能にするといった意義がある」とされています。これは、ＡＩによる因果関係を得意とする事項であると考えます。

（注14）欧米では、不安や抑うつ症状に対するシロシビンの効果の研究が行われています（The experimental effects of Psilocybin on symptoms of anxiety and depression: A meta-analysis. Goldberg SB, Pace BT, Nicholas CR, Raison CL, Hutson PR. Psychiatry Res. 2020 Feb; 284: 112749. doi: 10.1016/j.psychres.2020.112749. Epub 2020 Jan 2.）

この流れも向精神薬の開発が限界に達している証拠と言えるのではないかと思います。シロシビンとは幻覚作用のあるマジックマッシュルームの成分であり、麻薬の一種です。

（注15）オープン・ダイアローグとは、精神疾患に対する治療的介入の手法で、フィンランドの西ラップランド地方に位置するケロプダス病院のファミリー・セラピストを中心に、一九八〇年代から実践されている包括的な治療アプローチです。その治療はチームでおこなうことを大前提とし、患者さんの要請があれば二四時間以内にミーティングを開きます。そのメンバーは治療チームと患者さんに関係のある人達（家族や友人）となります。ミーティングに参加した人たちは患者さんの話を

聞き、対話をしていきます。対話によりなにか決めたり、結論を出す必要はありません。また患者さん本人のいるところで、治療者チームや関係者の患者さんに対する話し合い（カンファレンス）をしていきます。これは裏をかえすと患者さんのいないところで、患者さんの話はしないということです。これにより、患者さんは回復していくのです。開発・実践者の一人であるセイックラの論文では、再発率は二四パーセントということです（斎藤環『オープンダイアローグがひらく精神医療』）。

（注16）当事者研究とは、北海道浦河町のべテルの家ではじまった、主に精神障害当事者やその家族を対象とした、リハビリプログラムです。その主体は「当事者」であり、自身の「研究」に軸があるため、精神医療によるアプローチとは異なるものです。精神症状やそれを持つ人たちが、医療における治療対象にはならないということになります。現在では発達障害、依存症、認知症などにおいても実施されるようになっています。

（注17）自助グループの始まりは、一九三〇年代の米国のアルコール依存症だった二人によってはじまったAlcoholics Anonymousです。同じ障害や困難をもった人が個人やその家族とつながり、主に定期的にミーティングを繰り返す活動をするもので、専門家の手をかりず当事者同士が自発的に運営することを基本とします。

（7）治療者自身の変化

最後に治療者である筆者が、瞑想箱庭療法を臨床に取り入れたことによる効果と変化を記しておきます。

まず、患者さんの治癒期間が短くなったという実感があります。これは印象なので、正確にデータを取らなければならないと思っています。さらに、既述しましたが、瞑想箱庭療法を行っている患者さんは、向精神薬の処方量が明らかに減っています。

また、自分自身に起きた変化もあります。瞑想箱庭療法は患者さんと治療者は同じ高さにいて、お互い変化していくのが当然と思われますので、治療者自身もともに変化していきます。(注18)

まず、日常診察での疲労感が軽くなったということです。私は瞑想箱庭療法を取り入れる前から、オーソドックスな箱庭療法はやっていたのですが、箱庭療法を行った後は、いわれのない疲れを感じていました。現在はそのようなことはなく、そればかりか、日常の一般臨床においても、疲労感が激減しました。これは、患者さんを意識的に治そうとするよけいな力みがなくなったことが原因と考えられます。

第二に、日常生活の雑事に取り組む際に、面倒臭さという感情がなくなり、楽しくできるようになりました。一般臨床業務における診断書作成や収支計算、設備のメンテナンスや掃除などのおっくう感がなくなり、代わりにそこはかとなく楽しいという感情が出てきました。これは、私生活でも同様で、掃除・洗濯・炊事・庭の手入れなどが、抵抗なくできるようになりました。このような雑事に取り組む際、以前はイライラすることもあったのですが、今はなくなっています。

一方で、これらの日常の雑事を淡々とやることこそ、瞑想箱庭療法のトレーニングになるとも感じています。これらの雑事をするときの自分の精神状態をかんがみるとよけいな雑念はなく、今目前にあるタスクに没頭している状態であり、いわば「準瞑想状態」なのだと思います。(注19)

第三に、自分自身の五感が鋭くなり開かれている傾向にあるようです。日常の些細な感覚刺激、例えば飼い猫の毛並みが冬の陽を浴びてキラキラ輝いていることに感動したり、一昼夜、糠床につけておいた野菜を洗って味見をした時の、香りや美味しさに心を動かされたり、普段瞑想に使っているＢＧＭとしての音楽が、色鮮やかに聴こえてしまったりします。結果、感動を求めに特別なイベントや旅行に行く必要もなくなりました。コロナ禍でも、家と職場での往復で充分満足している状態でした。

瞑想箱庭療法は、前述したオープンダイアローグや当事者研究などの新しい精神医療の流れの一つになりうると思っています。

どちらも、患者さんと治療者その他の人との共有の「場」にポイントがあること、(注20)その「場」においては治療者も患者も、(準)瞑想状態であることが理想であること、転移―逆転移をできるだけ避け、扱わない試みをし、治療者援助者が対等の立場に立ち、自然治癒力を高めていくといった共通点が多いというのが理由です。

（注18）オープンダイアローグをとりいれた斎藤環も「変化の双方向性」と述べ、患者と治療者がお互いに変わっていくことを強調しています。「オープンダイアローグの経験は、治療者の人生に少なからず影響を与えるのだ。何よりも私自身が、それまでの曖昧な「力動精神医学的」的立場をかなぐり捨てて、家族療法やナラティブセラピーの世界に参入し、オープンダイアローグにはライフワークとするまで入れあげている、という現実がある。」

（注19）要は、日常生活を一所懸命やっていくということです。「一番大切なのは、一所懸命、生活すること。一生懸命したことは、一番純粋なことであり、純粋であることは、もっとも美しく、尊いことです。」（土井善晴『一汁一菜でよいという提案』）

（注20）オープンダイアローグでも「スペース」という言葉が出てきます。「オープンダイアローグが大事にしているのは、『スペース』という発想です。患者さんが主体的に変化するスペースをつねに確保しておかなくてないけないのですが、治療者の治したいという意図はかえってそのスペースを奪ってしまうのです」（斎藤環『オープンダイアローグがひらく精神医療』一九九頁）。ここでの「スペース」という概念は「瞑想箱庭療法」における場の概念の一部に位置するのではないかと思っています。

（8）精神科クリニックの事例――家族の対応に奔走して心身の疲労感が高まった発達特性のある成人女性の事例

事例の概要

クライエント：五三歳　女性　看護師

主訴：不眠、いらいら感

診断：適応症

家族構成：夫、娘二人で生活。実家で生活する父は脳梗塞後遺症で歩行困難、母はパーキンソン病、妹は統合失調症で入院歴があります。現在無治療で閉居状態。長女は抑うつ状態で当院通院中。

生育歴・現病歴：妊娠出産異常なし。在胎四〇週、出生時体重三〇一〇グラム。検診で指摘ありません。人見知りなく、初対面でも気軽に話しかけていたそうです。感覚過敏・偏食ありませんでした。四歳より就園。分離不安ありませんでした。専門学校卒業後、看護師の免許をとって就労。結婚後二子をもうけました。その後も仕事をしながら子育てをしていました。令和X年五月、実家の父親が左上腕骨折で入院したのをきっかけに実家に関わることが多くなり、ストレス増大し、不眠、いらいら感が高くなりました。そのため、令和X年六月一日当院初診。

臨床像：最初は思いつめた感じでしたが、徐々に落ち着きました。多弁で、話題が飛ぶところがありました。

診察：ＣＬは、「妹と母親の諍いの仲裁で疲れてしまいます。実家はゴミ屋敷のようになっています。それをどうにかしようとすると、いらいらしてきます」

「待合室にある瞑想箱庭療法の絵本を見て、自分もこの療法をやってみたいと思いました。向精神薬はなるべく飲みたくないので漢方を希望します」と述べました。

それに対しＴＨは「家族の状態は変わらないと思います。変えようとせず、できる範囲のことを淡々とやっていきましょう」と伝えました。

実際に箱庭を見学し、箱庭を置く前にともに瞑想を一分間実施すること、そのあとＣＬは箱庭を制作するが、その間ＴＨはそのまま瞑想を続けることを説明しました。

一診（**写真1**）
瞑想中：ＣＬの手で砂をはく音や手についた砂を払う音に集中できませんでした。ＣＬのエネルギーの高さに圧倒されて、自分がかき乱される感じです。
瞑想後：ＣＬは「初めてでしたが、とまどうことなく自然にできたと思います。楽しく置くことができました」と感想を述べました。
不眠や不安焦燥感に対して、気血を補い「寧心安心《ねいしんあんじん》」の作用とともに、清熱作用もある「加味帰脾湯《かみきひとう》」(注21)を処方しました。

二診（写真2）

「妹と母の諍いは相変わらずです。その影響で妹が不安定で、暴れることもあります」と早口で訴えました。

瞑想中：ＴＨの実家近辺の風景が浮かんできました。しかも、小学生のときの風景でした。遊び疲れた後に見る夕焼けなどが浮かびました。

瞑想後：診察室全体が明るく感じました。ひとしきり運動をしたあとのような心地よさでした。ＣＬは「今日は気持ちよくスムースに置くことができました」と笑顔で述べました。

三診（写真3）

ＣＬは、「妹の自宅での暴れ方がひどく警察沙汰になることがでてきたため、妹を入院させようと思いましたが、たらい回しです。母はあっけらかんとしています。漢方で睡眠は取れています」と述べました。それに対しＴＨは「共感的不問」で対応しました。

瞑想中：ＴＨの意識が水の底の方に沈んでいくようになり、瞑想は深まりました。

瞑想後：ＴＨは中心化された箱庭をみて、しっくり行く感覚を覚えました。ＣＬは「自然に手がうごきました」と述べました。

四診（写真4）

写真 1

写真 2

写真 3

CLは、「妹はE病院に入院しました。親戚の四九日がありました。コロナで仕事は多忙です」と述べました。多少の疲労感が伝わってきました。
瞑想中：THもかつて当直勤務をしていたE病院近辺のイメージ浮かびました。まだ精神科医として駆け出しのときの不安感が思い出されました。
瞑想後：「今日はこんな感じです」「最近神社仏閣巡りをしてみたいなあと思っています」とCLは述べました。

五診（**写真5**）

「妹の病院に面会にいきました。居心地はよさそうです。状態も安定していました。実家はぐちゃぐちゃです。母のパーキンソン病が悪化しました」

瞑想中：THは南国の珊瑚礁の海に潜るイメージが出てきました。そのあと深い瞑想に入りました。

CLは、「最近丹沢山麓の見え方が違うように感じます」と日常生活の変化の気づきを述べました。

診察後、THの体が軽くなっていることに気づきました。

六診（**写真6**）
「最近は実家にいっていない。母は紙おむつをしている。最小限の援助をしている。いらいらも、気がついたら落ち着いていています。娘が結婚することになった」

写真 4

写真 5

写真 6

瞑想中：ＴＨは山の中にいるような体感を得ました。さらに額が涼しく感じました。となりの医療事務員のレジの音が全く気にならなくなり、登山のときに経験する「下界の喧騒」のようなイメージでとらえていました。

七診（写真7）

ＣＬは、「コロナがまた流行っているため、それを実家に行かない口実にしています。不眠、不安はありません」と述べました。晴れやかな表情でした。
瞑想中：ＴＨの感覚がどのような変化をしたのかは、今となっては、はっきりと思い出せません。
瞑想後：出来上がった箱庭を見て、メリハリのある箱庭だとＴＨは感じました。ＣＬの希望により、この日は加味帰脾湯の処方はしませんでした。

八診（写真8）

ＣＬは、「妹が退院しました。訪問看護、自立支援、年金申請などの手はずを整えました。妹は自発的に薬を飲んでいるようです」と述べました。
瞑想中、ＴＨは涼しさを感じました。
ＣＬは、「休火山にしたかったので、てっぺんの赤いのは取りました」と笑いながら述べました。

写真 7

写真 8

写真 9

九診（**写真9**）

CLは、「家族のことで、相変わらず忙しく睡眠時間が短い状態です。最近、禅にハマっています」と報告しました。

瞑想中：THの中では、双子の女の子（映画「シャイニング」に出てくるような）と、水流がイメージされました。

瞑想後：診察室の情景が陽炎のように見えました。水の中に潜っているようでもありました。

一〇診（**写真10**）

ここから診察は二ヶ月に一回となりました。

CLは、「妹はデイケアに行っています。母との諍いもないようです。夫が胃の手術をすることになりました」と報告しました。

瞑想中：THの中では、池にカモが泳いでいるイメージが湧き上がりました。

一一診（**写真11**）

CLは、「父が糖尿病悪化。認知症も進んでおり、糖尿病の薬が飲めず、高血糖で倒れて入院中。病棟で暴れてしまい、精神科病院を探しています」と現状を報告しました。THは共感的不問で対応しました。

写真10

写真11

写真12

再びストレスがかかり、いらいら感がましているということなので、黄連解毒湯《おうれんげどくとう》(注22)を処方しました。

一二診（写真12）

「父がT病院に転院になりました。要介護4の判断となり、車椅子対応となりました。不眠は改善しています」

瞑想中：THは子どもの頃夏休みに行ったTプールの匂いがイメージされました。プールサイドで食べたポテトチップスの味までもが思い出されました。

瞑想後：上記をCLに話すと、そのプールにCLもしばしば遊びに行っており、共通の話題で盛り上がりました。診察室全体が広々とした感じになりました。

今回で患者の生活状況もひとまず安定したため、通院診察の間隔をあけることとなりました。漢方の処方もなしで大丈夫とのことでした。

考察

元来、ADHD（注意欠如多動症）の発達特性のある方ですが、能力は高く社会適応も良かったケースです。十分高い精神的エネルギーをお持ちですが、それだけに無理をしがちで、仕事や家庭のことを、自分のキャパシティーを超えて対応したため、一時的に不安抑うつ状態となり、不眠や不安感が発現したケースです。

ご本人が瞑想箱庭療法に関する書物を読んだ上で、同療法を希望なさったため、導入しました。箱庭の内容はエネルギッシュなものが多く、治療者も瞑想中に、どちらかというとダイナミックなイメージや身体感覚を感じとることができました。またこのCLにまつわることで、複数の布置を発見することがありました。

「瞑想箱庭療法」を繰り返していく過程で、CLご本人がかわるというよりは、クライエントを取り巻く周囲の状況がうまく流れるようになった印象があります。また、治療者自身の生活状況もスムースに流れ出した事実があったことを付け加えておきます。

（注21）竜眼肉《リュウガンニク》、黄耆《オウギ》、人参、酸棗仁《サンソウニン》、当帰《トウキ》、白朮《ビャクジュツ》、茯苓《ブクリョウ》、遠志《オンジ》、木香《モッコウ》、柴胡《サイコ》、山梔子《サンシシ》、生姜、大棗《タイソウ》、甘草からなる方剤です。消化管を丈夫にして、「気」「血」を補います。柴胡、遠志、酸棗仁などの生薬は精神的不調に対して効果があり、思い悩んでしまい夜眠れない人に処方すると良いと言われます。

（注22）黄連、黄芩《オウゴン》、黄柏《オウバク》、山梔子からなる方剤です。すべて体を冷やす生薬からなり、のぼせていて、気持ちがイライラしている人の心身をクールダウンするような方剤になります。のぼせによる鼻血にもよく効くといわれています。

（9）おわりに

瞑想箱庭療法は、オープンダイアローグや当事者研究のような他の現在話題になっている精神科治療法と同様に、患者さん主体の治療法として位置づけられると思っています。治療行為はあくまで患者さんのものであり、最終的に患者さんが自ら行うものです。自分の主治医は自分です。（注23）

今後は患者さん主体の医療になっていくことが、精神医療に限らず全ての医療の将来に必要なことだと思っています。そのような世界が来ることを祈ってやみません。

（注23）精神科医療にかぎらず他の科目の医療現場でも必ず「症例検討会」という、特定の患者さんについて、診断や治療方針を話し合う会議があります。私も精神科医駆け出しの頃からそのような会議に数え切れないほど出席し、ときには自分の担当する患者さんのプレゼンテーションを行うことを続けてきました。しかしこの「症例検討会」に出席するたびに、なぜこの会議に当事者である患者さんが招かれないのだろうという疑問を常に持っていました。しかし、瞑想箱庭療法を取り入れるようになってから往々にして、患者さん本人が参加し、患者さん自身が自分の疾患の経過をプレゼンする症例検討会を経験させていただき、これが真の「症例検討会」だと膝を打ったものでした。オープンダイアローグで、患者さんの話を患者さんのいないところでしないという原則につながる

ものだと思います。

（朝倉新）

第七章　瞑想箱庭療法の応用の三人療法——含母子同服療法

この章では瞑想箱庭療法の応用としての「セラピストと母子との三人療法」について説明します。

(1) 三人療法の概念と確立の経緯

三人療法の三人とは、セラピストとクライアントとクライアントの保護者を指し、クライアントとクライアントの保護者が一緒に箱庭制作をするということになります。瞑想箱庭療法を開始した当初、幼児期から小学校低学年のお子さんは、母親と離れて診察室での瞑想箱庭療法は不安が伴うものであり、はたして適応になるものかどうか筆者自身も悩んでおりました。母親と離れるのを嫌がり、結局箱庭ができないことが多く、断念することもありました。ましてセラピストとともに瞑想することもハードルが高いと感じていました。

親からの分離不安の強いクライアントに対する瞑想箱庭療法の工夫に行き詰まっているとき、大住先生から突然、全く別の文脈で「三人療法」の話が出てきたのです。しかも「抑肝散《よくかんさん》の母子同服」を同時に行ってみるという内容でした。

自分が母子分離のできない不安の強いケースに悩んでいたときに、タイミングよくそのような提案があったので、さっそく試してみることにしました。それと同時に、この絶妙のタイミングは「布置」以外の何物でもないと確信しました。

以上のような経緯で、分離不安の強いクライアントのケースに「三人療法」をとりいれることになりました。

(2) 三人療法の理論的背景

「三人療法」という名称は、セラピストとクライアントとその保護者の三人です。これはセラピスト側とクライアント側が、あくまで対等な関係であり、その三者が治療の「場」に溶け込む「環融体験」により、三者の自己治癒力を高める意味合いを込めたネーミングです。

元来、母子をはじめとした保護者と被保護者がともに日常生活を送っていると、お互いに環融体験を受ける下地のようなものができると思われます。しかし、その下地がネガティヴなものに偏ると、相互の関係に病的な要素が発生します。

森田療法における、母子あるいは家族と当事者の間で起こる「悪循環」(注1)もその一例と考えてよいのではないかと思われます。子ども・保護者のどちらかが「とらわれ」の状態になると、それに影響されたもう一方の他者が、その状態にとらわれてしまい、それがまた一方のとらわれを生むようなメカニズムが生じます。

一六世紀の中国で発明された抑肝散の「母子同服」にかんしても、母子のどちらかの気の乱れが、他の一方に及ぶということが経験的に把握できていたものと思われます。(注2)

以上のように森田療法や中医学の考え方は、近代的な自我をいう概念は重要視せず、機能的な要素をとりあげ、経験的知に基づき自然に沿った形で治療を進めていきます。

一方、近年の日本では、ＰＣＩＴ（Parent-Child Interaction Therapy：親子相互交流療法(注3)）という治療法がありますが、その概念は治療を目的とした観察対象としての母子関係の状態を説明したもので、治療者がそこには含まれていません。治療者の客観的な認識に基づいた観察対象としての親子ユニット（関係）ということになります。

これは治療者の冷静な客観性に基づくものですが、そもそも「主観」と「客観」の区別や判断というのはそうとう危ういものと思っています。

例えば私達は、停車している列車に乗っているとき、かなり並列してとなりに停車している列車が反対方向に動き出すと、自分の乗っている列車が出発し始めたのではないかという錯覚に陥ることをよく経験します。このように私達の認知能力というのはかなり不確実なものであり、それを客観的なものに昇華するには慎重な検討が必要になります。しかも、人間の心を客観性をもって認識することは、ことさら慎重な作業が必要となります。

よってこの親子ユニットを客観的に観察するとき、観察者のバイアスがある一定の割合で含まれると言って良いと思います。そのバイアスが掛かった状態で治療を進めていくとどうなるかということです。

一方セラピストとクライアント・クライアントの保護者がともに環融状態にあれば、そもそも主客がないわけですから、セラピストのバイアスは考慮にいれなくてよいこととなります。セラピストもその「場」に溶け込み、クライアントとともに自然治癒力のなすがままに委ねればよいのです。

（注1）北西憲二は、森田療法で言われる「とらわれ」という個人内の視野狭窄のメカニズムを親子関係に拡大して、以下のように説明しています。

「これをたとえば不登校に陥った子どもと母親との関係に置き換えてみよう。『不安になった母親が不登校に陥ったこどもを観察し、意識し。それを承認できないでもだえているようなありかた』としてこの相互関係を理解するとどうであろうか。これが森田療法で理解する家族間の囚われの心理である。さらに具体的に子どもあるいは当時者（A）と家族成員（B）の関係を見てみよう。家族成員が当事者からあるこのましくない刺激を受けたとする。それは不登校であったり、引きこもりであったり、不安や恐怖、抑うつなどを示す言動であったりする。家族成員は当然それを意識し、注意が当事者に引きつけられる。（中略）家族成員は当事者のそれを否定し、変えさせようとする。

家族成員の当事者への圧力、つまりコントロール要求が強まる。それが家族の「べき」思考という当事者にたいする縛りである」（北西憲二『森田療法を学ぶ』一二一〜一二二頁）このようにして、家族内の環融状態がネガティヴな方向に転化することになります。

（注2）抑肝散などの方剤の母子同服に関しては、現在では日本で盛んに行われています。西村と渡邉は「母子同服」を三つに分類しています。すなわち①患児に必要な薬剤を母親にも投与するもの、②母親に服薬させ患児には経母乳的に投与するもの、③母親の治療中にその子にも同薬剤を投与するものです。なお現在の対象疾患は精神疾患が中心です。

過去の文献においては、前出の『保嬰撮要《ほえいさつよう》』の他に、『万病回春《まんびょうかいしゅん》』『寿世保元《じゅせいほげん》』や『済世全書《ざいせいぜんしょ》』などに取り上げられています。

五味異功散加漏蘆《ゴミイコウサンカゲン》（万病回春）

「一小児、未だ月に満たず、発搐《はっちく》して乳を嘔《もど》し、腹張り、瀉を作す。此れ乳、脾胃を傷る。五味異《ゴミイ》功散《コウサン》に漏蘆《カゲン》を加えたるを用いて、母をして服せしめ、児も亦匙許りを服して遂に癒ゆ」

「発搐」は、ヒキツケのことです。生来的に胃腸が弱く癇が強い乳児に、母親の母乳経由で、胃腸を丈夫にする四君子湯の発展処方である五味異功散加漏蘆を母子同服させています。この症例は上記の②にあたるものと考えてよいでしょう。

補中益気湯《ホチユウエツキトウ》＋五味異功散加木香（万病回春）

「一小児、驚に因って久しく瀉し、顔色青黄なり。余謂えらく、肝木、脾土に勝つと。朝に補中益気湯を用い、夕べに五味異功散に木香を加えたると用いて、子母倶に服して癒ゆ」

こどもが驚いたために下痢となり、顔色が悪いので、精神的ストレスによる消化器症状と考え、補中益気湯と五味異功散加木香を処方しました。肝木とは五行説に基づき、中医学でいう肝臓は木に属し、脾臓は土に属するということです。木（肝臓）が強すぎると、土（脾臓）が障害を受けて、脾臓が担っているとされる消化機能に異常がでてきます。現在で言う過敏性腸症候群はこの病態に属します。おそらく母親も同じ症状を呈していたものと思われ、母子同服の判断をしたのでしょう。子はその症状から、母は我が子の症状をみて、精神的ストレスを受けているため、母子同服をすることが多かったようです。

方剤は、六君子湯《リックンシトウ》加桔梗《カキキョウ》細辛《サイシン》、補中益気湯など抑肝散あるいは抑肝散加陳皮半夏《カチンピハンゲ》以外のものです。

（注3）PCIT（Parent-Child Interaction Therapy：親子相互交流療法）とは、米国のEybergによって考案・開発された行動療法の一つです。親子間の愛着の回復と養育者の適切な命令の出し方の二つの柱を中心概念としており、そのために親が子どもに直接遊戯療法を行い、治療者は別室からマジックミラーとビデオカメラを通して親にアドバイスします。

（3）三人療法の実際

ここでは事例を通して、三人療法の実際を説明します。

事例の概要

症例：女児　初診時年齢六歳（小二）

主訴：「朝ひとりで学校に登校できず、母親が送っているが、母親が別れようとすると、号泣して母親から離れられない。」（母親）

診断：自閉スペクトラム症

家族歴：両親、妹、本人の四人家族。精神病の遺伝負因なし。

生育歴：母親に妊娠中毒症あり。三三週で帝王切開にて出生。出生時体重一七九二グラム。保育器に一か月近くいました。栄養は母乳で飲みは良かったようです。始歩・始語一二か月。人見知りなく指差しは目立たなかったといいます。強い偏食があり、同じメーカーのヨーグルトしか食べない時期がありました。三歳より就園しましたが場所見知りが激しく、慣れるのに時間がかかりました。園の環境に慣れたあとも多少の行き渋りがありました。

現病歴：X年四月に就学しましたが、入学式から母親との分離が難しく、登校の際母親から離れることができず、登校から下校まで母親が同伴していました。五月の連休明けより、登校時に学校内で母親からの分離を試しましたが、号泣し絶叫したため、そのまま母親同伴での学校生活が続きました。その後もなんどかチャレンジしましたが、無理に分離を試みる教員に対して興奮して砂や教材を投げるようになったため、同じ状態が続きました。夏休み後も本児の状態が変わらないため、

X年九月六日に当クリニックに受診となりました。

初診時現症：髪の長いおしゃれな女児。視線は合いますが、質問にたいしては、最小限でしか答えず、母親が代弁することが多い印象でした。声はかすれており、単調なアクセントで喋ります。比較的体動が多い。診察での会話がタメ口になると、すかさず母親が本人を注意をします。母親との会話はやや一方的であり、筆者と母親が話していると、会話を遮り割り込んでくることがしばしばありました。母親から離れる際のことを問いますが、うまく言語化できません。母親は不安と疲労感が強く、連日の同伴で身体的精神的に限界にきているようでした。

診察：母親には、「あまり無理な登校刺激はしないで、登校が辛いようなら休ませてもよいのではないか」と伝えました。それとともに母親と離れる際なぜ不安が高まるのか調べるために心理検査をする方針を伝えました。心理検査に関しては、本人・母親とも了解しました。外来診察は一か月に一回としました。母子分離に不安があることも考えられたため、通院に慣れるまでは母子同席面接としました。

X年一一月には、心理検査（バウムテスト、S‐HTP）（注4）を行いました。結果の総括としては、「検査に対して意欲的であり、よく見られたい、ほめられたい気持ちがはぐくまれている。しかしその気持ちが強いあまり、心配や弱音を表現しづらくなったり、自分自身の要求水準を高めてしまい、知らず知らずのうちにプレッシャーを感じやすくなってしまう可能性がある。実際の自分とのギャップに自信を失いやすく、自信が積み重なりにくい」ということでした。

X年一二月より再び、行き渋りが目立ち始め、再び母親が学校に連れて行く状態となりました。母親が、校内に本人を置いて帰宅しようとすると、火のついたように泣きわめき、制止する教員に暴言や暴力が出るようになりました。本人の泣き声で、他の児童が学習に集中することができないということで、校舎から少し離れた空き教室で手の空いた職員が交代で対応するようにしていました。一時間ほどで泣き止んだあとも、毎日三校時くらいまでは保健室で過ごし、昼休み前後から教室で学習をしていました。昼間はあくびが多く、診察場面でもしばしばあくびが認められたため、精神安定の効果を期待して、甘麦大棗湯《カンバクタイソウトウ》二・五グラム（注5）を一日一回眠前に処方しましたが、明らかな効果は認められなく中断しました。

X＋一年四月より、近所に年下の男児が就学することになり、母親が本人にその男児の面倒を見るようにと伝えると、その男児とともに一時的に泣かずに登校することができるようになりました。しかしX＋一年六月になると、再び毎朝母親と別れる時に興奮し母親にも暴力をふるうようになり、母親の疲労感やイライラ感が増したため、母子瞑想箱庭療法を導入しました。同時に抑肝散を処方して、一日量で本人二・五グラム、母親五グラムをそれぞれ服用するように指示しました。

瞑想箱庭療法一回目

CLの説明によると、

「街。家がたくさんある。病院は具合が悪くなると心配なので置いた」
「海も作った。東京スカイツリーのような灯台」（写真1）
ときどき小声になりました。母親は脇でにこにこしながら、CLの言うことを聞いていました。

THの瞑想中のイメージは、夜の自宅の庭に佇んでおり、庭にススキが生えていて月が照らされていました。箱庭作成中にCLが母親に今日あった学校での出来事を報告していました。それにときどき気をとられることがあり、集中できないこともありました。

またX＋一年七月に主治医が学校に訪問して、母親と分離直後の本人の様子を観察したあと、学校の対応に関して相談しました。そこでの本人は、母親が踵をかえして校門に向かう瞬間から、号泣が始まり校舎の窓ガラスを強くたたきながら絶叫するという状態であり、極度の興奮状態でした。その状態はクールダウンのために使用している空き教室に移動してからも続きました。移動そのものには抵抗はありませんでした。一時間ほどすると落ち着き保健室に移動しました。この一連の経過中に本人は筆者を見ていましたが、ほとんど反応はありませんでした。

筆者は学校側に、以下の内容を助言しました。クールダウン部屋が殺風景すぎるので、あまり刺激的すぎない範囲で、装飾などの工夫が必要でしょう。興奮が収まった後、教室に参加するまでの間、保健室で無為に過ごすのではなく、職員の手伝いをさせ、自信をつけさせた方が良いと思われます。興奮している時間が短縮したら評価することが必要でしょう。母親との分離の際のヴァリエーションを増やしていきましょう。以上を伝えました。

その後の外来で、母親に学校の様子をきくと、多少興奮している時間が減ってきたのではないかという評価でした。

X＋一年八月、夏休み中は学童保育に通っていたが、そこでの母親との分離は抵抗なく円滑になされていました。

X＋一年九月の始業式から二週間は、母親が学校まで送って行くものの、分離の際の興奮は認められませんでした。また一時間目から教室にいる日もでてくるようになりました。しかし運動会が終了した後より、再び母親と離れる際に興奮するようになりました。筆者は母親に通院の頻度を上げることを提案したが、母は仕事を始めており、忙しくて暇が作れないとの理由で、実現しませんでした。

瞑想箱庭療法五回目

「家を守ってくれる神様にお祈り」

「家族が外で寝ている。犬や猫が餌を食べている」

「雨漏りしないように煙突をふさいでいる」

とCLは説明してくれました（写真2）。

ＴＨの瞑想中のイメージは、昭和の夕餉《ゆうげ》。木造土間あり。畳での一家団欒《だんらん》。ブラウン管テレビのテレビがありました。

筆者とのやりとりにも余裕がでてきてリラックスして診察できるようになったため、Ｘ＋二年二月より併行面接を開始しましたが、当日の夜になると「ママが死んでしまう」と不安になったという母親の情報から、再び親子同席面接に変更しました。

瞑想箱庭療法一一回目

「雪が降っている。犬がいる。お守りがある」

というＣＬの説明でした（写真３）。

「雪が白いので、この部屋も明るく鳴った感じがする」

と述べました。

ＴＨの瞑想中は、蚊帳《かや》のイメージが出てきて、風に揺れています。自分はその中で瞑想をしています。実際に額が涼しく感じました。瞑想に集中できました。

Ｘ＋二年四月には、以前より習っていたフラダンスの発表会を無事終えることができたと自慢げ

写真 1

写真 2

写真 3

に話しました。同時期にＷＩＳＣ－Ⅲ（注６）の検査をしています。結果を次に示します。

「言語性ＩＱ：１０４、動作性ＩＱ：78　全検査ＩＱ：90。群指数は、言語理解：１０６、知覚統合：79、注意記憶：91、処理速度：92でした。単語、理解が評価点13で高く、言語の意味や概念形成、長期記憶、説明力、必要に応じて想起する力が高く備わっている。一方、積木模様、組み合わせが、評価点4と低く、視覚的情報の部分処理、全体への統合、空間情報の処理、非言語的推理、試行錯誤しての学習、目と手の協応が苦手である。不慣れな場面での緊張が高く、言語的指示や手がかりが少ない場面での推理が困難である。よって集団生活での不安や緊張は高まりやすく能力が発揮できにくい。また模倣が苦手で、理解をしているが言語表出ができにくいため、精神的ストレスも大きいだろう」

以上の検査結果を文書にまとめて、母親に説明しました。さらに母親の許可を得て、学校にも検査結果の文書を送りました。

Ｘ＋二年一一月には、「学校が楽しい」と述べ、様々な行事にも積極的に参加できていました。いままであまりなかった友人との関係もできてきて、放課後に遊ぶようになってきました。

瞑想箱庭療法一八回目

「動物の村。動物は噛まないので怖くない」とＣＬは説明しました（写真４）。

THは、瞑想中、箱庭にアイテムを起きながら展開される母子の会話に気を取られることもなく、あたかも診察室が、一つの水槽のように感じられました。

水族館の水槽にさまざまな魚が泳いでいるイメージが印象にのこりました。

X＋三年四月、妹がクラスで嘔吐した友人の様子を見たことをきっかけに、不食となり脱水状態に陥り緊急入院となりました。それを見ていた本人の不安が高まり、夜中にパニック状態となり、「死んじゃう」と騒ぐことがありましたが、翌日はけろっとして登校したというエピソードが母親より語られました。

瞑想箱庭療法二二回目

「ビー玉の街」

とCLが説明してくれました（写真5）。

THの瞑想は深まり、自分がどこにいるのかわからない瞬間がありました。

その後数か月間様子をみましたが、夏休み前後も順調に登校できているため、通頻度を二か月に一回として通院継続しました。母親は学校に無理に行かせようとしないほうが、スムースにいっているようだと述べました。

瞑想箱庭療法二四回目

「お花畑とミッキー」

とのＣＬの説明でした（写真６）。

ＴＨの瞑想中のイメージは、明るい草原で寝転がりと微睡むような、気持ちの良い情景がうかんできました。

できあがった箱庭は、ほぼ中心化と考えて良いものと思われます。

その後も、二か月に一回の外来通院をして母子での瞑想箱庭療法を継続しています。中学は通常級に進学しました。バスケ部に入部し部活に没頭するようになり、学校へのいきしぶりはほとんど見られなくなったところで、クライアント・母親から通院終了の提案があったため終了としました。

母子での瞑想箱庭療法で課題となるのが、箱庭製作中に母子間で行われる言語的やりとりが聞こえてくるのですが、それにいかに対応していくかです。この事例でもセラピストは最初のうちは、

写真 4

写真 5

写真 6

母子の会話内容に注意をひかれうまく瞑想に集中することができませんでした。しかし、何回か療法を重ねていく過程で、通常の瞑想でおこる雑念を流すやり方で対応する術を身に着けました。

頭の中の雑念も、頭の外から聞こえてくる会話内容も、考え方によっては同じ事なのです。

自らの呼吸に集中して瞑想できるようになると、三人療法のほうが、標準的な瞑想箱庭療法より深い瞑想にはいることができるようになります。

また、クライアントやクライアント家族の診察室外の変化としては、両者とも良い意味で囚われがなくなるため、クライアント家族が焦ることで、クライントを焦らせたりパニックに陥らせたりすることが減少して、良い意味での諦めが認められます。クライアントも焦らせるような刺激がなくなるため、自責感や罪悪感を強く感じることがなくなり、結果的に自由に行動できるようになります。家族内で環融体験に近いものが、家族それぞれにおこっている可能性もあるでしょう。

最後に、三人療法の適応と禁忌に関して説明します。

適応に関しては、提示した事例にあるような、クライアントがその保護者に対しての分離不安をともなうもの、同時に瞑想箱庭療法を施行したほうが、お互いの関係が安定したものになることが予想されるペアなどが考えられます。逆に禁忌に関しては、お互いの関係が重度の共依存状態である場合、一方がもう一方を操作するような関係にある場合などが考えられます。

（注4）バウムテストとは、一枚の用紙に樹木の絵を書く心理検査です。心理検査のなかの人格検査の

分類となり、比較的曖昧な指示により、被験者がどのように反応するか評価する投影法のなかの一つです。この検査により、本人の無意識の部分や精神状態がわかります。

S‐HTPとは、同じく投影法に分類できる検査で、一枚の用紙に家と木と人の絵を描いてもらい、そこに表現された内容からクライエントのパーソナリティや心理的特徴を読み取る心理検査です。

（注5）甘麦大棗湯は、生薬である甘草、小麦、大棗で構成されていて、副作用が少ないとされています。『金匱要略《きんきようりゃく》』に、「婦人の臓躁《ぞうそう》、しばしば悲傷し哭せんと欲し、象は神霊のなすところのごとく、しばしば欠伸す、甘麦大棗湯これを主る」とあるように、頻繁に欠伸《あくび》を認めるケースに適応となります。

（注6）WISC‐Ⅲは、ウェクスラー式知能検査の一つです。内容は、一〇種類の基本下位検査と、五種類の補助下位検査（必要があれば行う検査）の合計一五の検査で構成されています。この検査の点数の合計で知能指数を算出します。

（4）三人療法の今後の展望

近年、保護者と被保護者との間の境界が曖昧になり、保護者の機能も低下しつつある傾向があるように思われます。極端な場合、「ヤングケアラー」という言葉に象徴されるように、主に家族内で本来保護されるべき人が、保護すべき人やその他の人をケアしているような現象も起こっています。

当クリニックに受診なさる事例のなかには、保護者にも発達や精神的な面で課題がある事例が散見されます。そこで、保護者の診療録を作って親子（保護者・被保護者）同時に治療を行うことが以前に比べて増加した印象があります。また最近増加している虐待の問題も見逃せません。

以上のような状況で、瞑想箱庭療法の応用である「三人療法」の導入の機会は、今後増加するものと思われます。親子（保護者・被保護者）とも不安が高く、しかもお互いに不安を高めあっているような状況において、自然治癒力を発現するには「三人療法」は適切であると考えます。

さらに、親子（保護者・被保護者）以外に、夫婦や兄弟での導入に適応できる事例が出てくることも予想されます。家族内でネガティヴな環融体験をポジティブなものに変えていくのです。

四人以上での瞑想箱庭療法の可能性も模索しています。四人以上の瞑想箱庭療法の場合、その場の気の流れや環融状態も、その人数に比例して大きくなる印象にあります。今後、様々なヴァリエーションの瞑想箱庭療法を試行錯誤しながら確立していこうと考えております。

（朝倉新）

第八章　瞑想箱庭療法の訓練方法

最終章では瞑想箱庭療法の「訓練方法」について説明いたします。「瞑想箱庭療法」を臨床分野で実施される心理士や医師の先生方のお役に立てれば幸いですが、ここでの方法は普遍化、マニュアル化されたものではありません。この方法を参考にして、ご自身に臨床現場での体験からさらなる新しい方法が誕生することを期待します。

(1) 瞑想のトレーニング

瞑想箱庭療法の治療者になるための最も重要な訓練は瞑想の訓練です。瞑想の訓練で重要な事は肩の力を抜き楽な「呼吸」をすることです。ただし、ここでの「呼吸」は特別なものではなく、普段より「ゆっくり、ながく息を吸い込み吐き出す」程度のことです。そして「呼吸」に執われなくなることです。そのことで自然に「忘我」の状態に入っていきます。「忘我」の状態は瞑想者が「意図的」「意識的」にならないことであり「無心」の状態にあるということです。具体的には「自分を忘れて眠くなるが眠りの状態に入ることはない、『ただぼーっとしている状態』」に近いものです。瞑想するという明確な目的意識を持たず、それとなく行う程度の軽い気持ちで「ぼんやり」としてみましょう。明確な目的意識は「〜すれば〜なる」という因果論的思考や目的論のもつ悪順環にはまってしまいます。

第三章の図5を再び参考にしてください。「瞑想の状態」では自我の水準がMの領域に降りていくことであり、時としてゼロポイントにも接することでもあります。

ここでの「瞑想」は「環融体験」であり、「瞑想状態」に入っている時に面接空間に「あたかも溶け込んでいるような心理状態」になっていくことです。それは、瞑想している空間が「環融空間」になっていくことでもあります。次に必要なトレーニングは日々の生活を振り返るために日記をつける事です。日記には、意図せず五感の開けれる体験とそこでの気づきや突然体験する共時性的な体験などを書かれるのも良いでしょう。

次に具体的な練習方法を提示いたします。

（一）一人で行う際のトレーニング方法

①筆者の実践する呼吸法は、腹式呼吸ではなく、日常の呼吸に近いものです。たとえば椅子に座り全身の力を脱力させて「瞼を軽く閉じ（半眼の状態）で肩の力を抜いて、ゆっくりと息を吸いそして吐き出す」ことですが、その際にそれとなく呼吸を整えていくことが大切です。ここでの「それ

となく」ということですが、明確な目的意識を持たずに「ただぼーっと行う」ことが肝です。その際に様々な雑念が去来してなかなか瞑想状態に入れないようなことがあります。そういう時には、呼吸に注意を向けてみましょう。禅で行う数息観が参考になります（数息観とは一回ずつ息をゆっくり吸って吐き、一〇回まで続けたら再び最初に戻り繰り返す方法です）。ただし、これに固執するとかえって、「忘我」に入れなくなりますので、眠くなったら途中で辞めることが大切です。

②瞑想は比較的静寂な環境で行われることが望ましいのですが、静寂な環境に執われることも問題があります。多少の騒音や人の声がしてもそれさえも忘れることも大切だと思います。

③以上によって、多少ぼんやりした後に、こんどは眼を開けて、部屋の中の家具調度や近くの窓から周囲の風景をそれとなく眺めてみましょう。ただし、一点を凝視しないようにしましょう。そしてそれらの光景がぼんやりと見えたり、鮮やかに見えたりできるようになれば良いのです。またその時に、「場」に包まれ、「場」に溶け込むような体験ができれば「環融体験」と「環融空間」が成立してきたことが窺えます。これは、「思考」や「感情」という心理機能の働きに執われて日々の生活を送っている私達に忘れられていた「感覚」や「直観」の働きが蘇ってくることでもあります。たとえば筆者の場合ですが、心理相談室での業務がない日などには、眼を閉じ、一人忽然と椅子に座り、ゆっくりと息を吸いそして吐き出します。そしてうっとりした後で、漠然と窓の外にある楠

の大木を眺めたり、夜間の場合には、窓からの夜景を眺めたりします。また部屋の中の家具調度を眺めたりします。そうすると、呼吸の深まりとともに（普段よりはゆっくりと呼吸ができていることです）自分もそれらの風景の一部になってしまうかのような良い気持ちになります。これは「場」に包まれている感じです。その後、我に還り、再び大木や目の前の机、部屋の周囲を眺めて見ますと、目の前の、窓の外の風景などが、実にやわらかく、視界に入ってきます。楠の葉の一枚、一枚がキラキラと輝いて見えたりします。

④箱庭のトレーニング

瞑想の後で箱庭を一人で置いてみましょう。ここでも大切なことは「あまり何を置こうかと考えないこと」です。ここでは、何となく箱庭のアイテムを眺めている時に、自然に心に発生したり動きだしたりするイメージに任せてください。そうすると以外な箱庭ができあがってきます。そういう時に突然過去の懐かしい記憶や感情が蘇ってくることもあります。もちろんトラウマ的な思い出が蘇ることもあります。どちらにしろ、そういう感情はそのままにしていきましょう。毎回の箱庭作品に「題名」をつけたり、数回の箱庭制作の写真を見ながら、連想したことをもとにして自分なりの物語をつくることも、振り返りにはなりますが、そのことに執われないことが大切です。自然に出てくる物語りを大切にしてください。それは自然に発生する連想の流れも大事にすることでもあります。もちろん物語りが出てこなくても気にしないでください。

(二) 二人で行う際のトレーニング方法

「瞑想箱庭療法」のトレーニングの基本は二人で行う方法です。セラピスト役とクライエント役を決めて瞑想していきます。クライエント役は当然箱庭制作も行います。続いてセラピスト役を交換する方法を行っています。ここでのトレーニングの何よりも重要な点は、二人が瞑想体験(環融体験)を通して「環融空間」の成立を味わう事と、双方が「布置の体験」「サトルボディの体験」そして箱庭表現の変化などを体験することにあります。

①二人で行う瞑想箱庭療法のトレーニング――環融体験・環融空間の成立と箱庭表現

二人は斜めの姿勢で安楽椅子に座り、瞑想を行います。瞑想は(一)の一人で行うトレーニング方法に準ずるものです。瞑想の際にセラピスト役は、適度な瞑想に入った段階(適度な瞑想とは眠くなってきた状態)でクライエント役に「どうぞ」と「声かけ」をします。クライエント役はおもむろに立ちあがり、アイテムの棚をみて「何となく置きたくなったアイテム」を箱庭に並べます。そしてその時の心の動きに従って箱庭を表現します。そうすることで箱庭の方が自律性をおびはじめます。ここで大切なことは、意図的に表現するのではなく、自然な心の動きにまかせることです。箱庭終了後は、セラピスト役と箱庭表現をあじわうとともに、「いかがですか? 今回の瞑想箱庭療法の始める前と後では部屋の面接室の雰囲気や部屋に置かれた花瓶の感じ、さらに窓の外の風景などの見え方が変わっていますか?」などと質問されるとよいでしょう。クライエント役が「確かに面接室の雰囲気がやわらかくなり、とても気持ちがよいです」「花瓶の花がとてもいきいきと見えます」等と語られると「環融体験・環融空間」の成立を窺うことができます。

②「布置の体験」についてのトレーニング

「布置の体験」については「瞑想箱庭療法」の終了時に、たとえばセラピスト役が瞑想中に「異様な身体の痛みを感じたり、普段は想いもつかないようなイメージが湧き上がってきた時」などは、そうした事柄について取り上げると、クライエント役も同じような体験をしている場合が多くあります。ここでのトレーニングはこうした体験をお互いでシェアするだけで充分です。理由は「布置の体験」は「意味ある偶然の一致」と言われる共時性に極めて近いもので、仮説としては第三章の図5で示されるような体験が起こっているものと推測されます。因果的思考からの説明は困難ですが「臨床の知」の体験乃至は「心的現象」としてはありうることだと思います。なお、「布置の体験」のトレーニングではクライエント役がセラピスト役に問いかけることも可能です。たとえば筆者は次のような体験をいたしました。筆者の実母の死期が近づいた時に、こうしたプライバシーを充分に知らないクライエント役の社会人大学院生が、写真1のような「家族」についての箱庭を置かれました。

箱庭を置かれた後、院生さんは「これは家族です。瞑想して箱庭を置いていたら、不思議と昔の

図１（図・永田彩乃）

写真１

懐かしい記憶が蘇ってきました。これは母でしょうか？　昨年なくなりましたけど。こちらはもうすでに亡くなっている父でしょうか？　何か先生の家族のような気がします。とても懐かしいです。意図せずこうした物語が浮かび、気がついたらこのような箱庭が置かれていました」と言われました。そして、驚いた事に、このようなエピソードの流れで、院生さんが少年時代に某県の某街に住んで居たこと。その街は新興都市で大きな湖の畔にあり、そこには巨大な大仏があることなどが明らかになってきました。なんとその街は筆者に箱庭に瞑想を用いる方法をトレーニングしてくださいました今は亡き某先生の心理分析室のあったところで、筆者がかつて足繁く通った場所であったのです。

以上のような体験の一致を分かち合うことが「布置の体験」のトレーニングと言えるでしょう。

③「サトルボディの体験」のトレーニング

「サトルボディの体験」については、瞑想箱庭療法の終了時に「今回の瞑想箱庭療法」を始める前と今とでは私（セラピスト役）の存在をどのように感じますか？」「箱庭のアイテムの見え方はどうですか？」などを話されると良いでしょう。話題の中で「セラピストの存在が、瞑想箱庭療法を始める前には『明確な存在感』を感じましたが、今は全く感じません。ここに居るような居ないような気がします」とか「箱庭のアイテムが自分であり、生きているように見えます」等が確認できれば良いでしょう。

④「象徴体験」のトレーニング

「象徴体験」のトレーニングではクライエント役が意図せずに置いた箱庭作品にかえってクライエントが驚き、感情が動かされる体験をすることが大切です。先の院生さんの箱庭作品とそれとの関連で語られたすべての事が「象徴体験」のトレーニングにもなるものです。

（三）グループで行う際のトレーニング方法

筆者は院生さんを対象に「瞑想箱庭療法」のトレーニングをグループで行うこともあります。グループで行うために、中心に箱庭を置き、最初にその回の箱庭制作者を選びます。箱庭制作者を含んだメンバー全員がその周囲に後ろ向きに座り瞑想します（図2）。そして瞑想中に「何か現在日常生活とは関係ないイメージや過去の体験などが心に浮かんできたら大切にしてください」と伝えます。筆者の瞑想が深くなりかけた時に、箱庭担当者に「お願いします」と声をかけます。すると担当者は箱庭制作を始めます。他のメンバーは瞑想を続けます。

やがて、担当者の「終わりました」という終了の合図と共にメンバー全員が箱庭を囲みます。そして全員で今回のトレーニングの開始時と今、この瞬間との「面接室の雰囲気」「見え方」の違いなどを話題にして話しあいます。そして次にメンバー各自が開示できる範囲で瞑想中に浮かんだイメージなどを語ります。最後に、箱庭制作者の箱庭制作についての感想や瞑想の体験の感想などを

図2（図・永田彩乃）

語ってもらいます。そうした流れの中で、箱庭表現の内容とメンバーのイメージとの共通性が見られるようになってきたり、メンバー同士に布置したイメージのある程度の共通性が確かめられれば良いと思います。

（2）おわりに

本書では、極力クライエントに副作用の少ない「積極的に治そうとしない療法」について、筆者等の体験に基づいた解説を述べてきました。これまでの心理療法における「治すこと」「治ること」について「二律背反性」の視点から河合氏によって行われてきました。筆者の場合は、そのような視点とは多少異なり、「クライエントを治すためには」セラピスト側からの侵入性、操作性を伴うことが多いが故にこれらは極力避けるべきものと考えております。そのための方法として筆者の心理臨床活動のなかで自然にできあがってきた心理療法の「型」が瞑想箱庭療法です。この方法ではセラピストもクライエントもともに忘我の瞑想に入ることが特徴です。そして、「治す」ことよりも「クライエントが自然に治ること」に焦点をあてた方法でもあります。瞑想箱庭療法では「環融空間」という「場」で働くクライエントの自然治癒力が重視されます。自然治癒力はまたクライエントの箱庭遊びの中に「象徴的に」表現されるものでもあります。以上の自然治癒力の働きを筆者は「他力」と名づけました。「他力」の働きはまた、クライエント様々な気づき（自覚）をもたらすものでもあります。ただし、このような自覚は面接時でも、日常生活においても明確に意識化されることは少ないようです。ある程度の「ぼんやりした」状態でおこったり「気がついたらそうなっていた」などの曖昧さがつきものです。それ故に「瞑想箱庭療法」の治療機序を明確にかつ理論的に言語化するには困難がつきまといます。しかし、このような方法もその時の体験を丁寧に扱い、かつ体験を積むことを意識的に心がければ、「ポストモダン」における一つの知に到達できることと信じております。本書は以上の内容を極力言葉にするように努めました。

（大住誠）

あとがき

本書を執筆するにあたり共著者になってくださいました朝倉先生に御礼申しあげます。朝倉先生は児童精神科医として「瞑想箱庭療法」を医療の場で実践されているだけでなく新たに「母子三人療法」や漢方の同服療法との併用など新しい試みもされておられます。本書で朝倉先生が書かれている内容はそのような「試み」への画期的な報告でもあります。薬物療法の副作用についての問題に悩まれ患者さんたちが薬に治っていく方法を常に探求、工夫されておられる日常が伝わってきます。先生が共著者になってくださったことは筆者の喜びでもあり励みにもなっております。

なお、本書の中に従来の「因果論」に則った科学的な方法への批判が多々でてきますが、筆者等は科学的な方法を否定しているのではなく、今日見られるそうした方法の行き過ぎへの批判として、瞑想箱庭療法を提起しているにすぎません。

最後に悪筆の筆者の原稿に最後まで丁寧にお付き合いくださいました春秋社編集部の豊嶋悠吾さんに御礼申しあげます。

二〇二二年一一月吉日

大住　誠

文献等

〈第一章〉

小沢牧子・中島浩壽『心を商品化する社会』洋泉社、二〇〇四年
西研・竹田青嗣『現象学とは何か』河出書房新社、二〇二〇年
河合俊雄『心理療法家がみた日本のこころ』ミネルヴァ書房、六三頁、二〇二〇年
織田尚生・大住誠『現代箱庭療法』、誠信書房、三〇頁、二〇〇八年
丸島令子・日比野英子編著『臨床心理学を基本から学ぶ』、北大路書房、三九〜四〇頁、二〇〇四年
大住誠『新瞑想箱庭療法』誠信書房、二〇一六年

〈第二章〉

河合隼雄『心理療法序説』岩波書店、八〜二九頁、二〇〇九年
ジーン、シノダ・ボーレン／湯浅泰雄訳『タオ――こころの道しるべ』春秋社、二〇二〜二〇三頁、二〇〇一年
目幸黙僊『宗教とユング心理学』山王出版、三七頁、一九八七年

河合隼雄編「東洋における無意識」『無意識の世界』日本評論社、一四六頁、一九九七年
木村敏『自分ということ』ちくま学芸文庫、一七〜三三頁、二〇〇八年
森田亜紀『芸術の中動態――受容/制作の基層』萌書坊、二七〜二八頁、二〇一三年

〈第三章〉
ドラ・M・カルフ/河合隼雄監修『カルフ箱庭療法』誠信書房、一九七二年
井筒俊彦『意識と本質』岩波書店、二一四頁、一九九一年
老松克博『サトルボディのユング心理学』トランスビュー、二〇〜三一頁、二〇〇一年
湯浅泰雄『身体論』講談社、一九九〇年
河合俊雄編/河合隼雄『ユング心理学入門』岩波書店、二〇〇九年
C・Gユング/野田倬訳『自我と無意識の関係』人文書院、一九八二年
C・Gユング/林道義訳『元型論』紀伊国屋書店、一九九九年
C・Gユング/湯浅泰雄・黒木幹夫訳『東洋的瞑想の心理学』創元社、一九八三年

〈第四章〉
井筒敏彦『東洋哲学の構造』慶應義塾大学出版会、四九頁、二〇一九年
福永光司・興膳宏訳『荘子(内篇)』筑摩書房、二〇一三年

福永光司『荘子内篇』講談社、二〇一一年
前田利鎌『臨済・荘子』岩波書店、一七頁、一九九〇年
上田閑照編『西田幾多郎哲学論集Ⅲ』岩波書店、一九八九年
森三樹三郎『老子・荘子』講談社、一九九四年
真宗聖典編纂委員会『真宗聖典』東本願寺出版局、一九七八年

【著者紹介】
大住誠（おおすみ・まこと）
1952年神奈川県生まれ。青山学院大学文学部卒業。武蔵野女子大学大学院で臨床心理学を学ぶ。高校教諭、県教育センター指導主事（教育相談研究室）などを経験し、現在、大住心理相談室室長、医学博士、臨床心理士、同朋大学大学院特任教授、聖マリアンナ医科大学非常勤講師、新泉こころのクリニック特別顧問。1991年に住職を務める法閑寺（真宗大谷派）に大住心理相談室を開設（開業臨床心理士）。著書に『ユング心理学+「仏教」のカウンセリング』（学陽書房）、『ユング派カウンセリング入門』（筑摩書房）、『現代箱庭療法』（織田尚生と共著、誠信書房）、『新瞑想箱庭療法』（誠信書房）、『うつは、治す努力をやめれば治る：箱庭療法と森田療法の併用の事例と実践』（法藏館）、『お母さんと僕のまほうの砂箱——発達障害と母子同時箱庭療法』（朝倉新と共著、ゆまに書房）など。

朝倉新（あさくら・あらた）
1962年生まれ。佐賀医科大学（現佐賀大学医学部）卒業。新泉こころのクリニック（神奈川県茅ヶ崎市）で、小児思春期を中心にした精神科医療を行なっている。

積極的に治さない瞑想箱庭療法

2022年12月20日　第1刷発行

著　者――――大住 誠・朝倉 新
発行者――――神田 明
発行所――――株式会社 春秋社
〒101-0021東京都千代田区外神田2-18-6
電話03-3255-9611
振替00180-6-24861
https://www.shunjusha.co.jp/
印　刷――――株式会社 太平印刷社
製　本――――ナショナル製本 協同組合
装　丁――――鈴木伸弘

Printed in Japan, Shunjusha
ISBN978-4-393-71416-4
定価はカバー等に表示してあります